DEBATES CLÍNICOS

Blucher

DEBATES CLÍNICOS

Vol. 2

Organizadores

Sérgio Telles
Beatriz Mendes Coroa
Paula Peron

Debates clínicos, vol. 2
© 2021 Sérgio Telles, Beatriz Teixeira Mendes Coroa, Paula Peron (organizadores)
Editora Edgard Blücher Ltda.

Imagem da capa: iStockphoto

Publisher Edgard Blücher
Editor Eduardo Blücher
Coordenação editorial Jonatas Eliakim
Produção editorial Kedma Marques
Preparação de texto Cátia de Almeida
Diagramação Negrito Produção Editorial
Revisão de texto Beatriz Carneiro

Blucher

Rua Pedroso Alvarenga, 1245, 4º andar
04531-934 – São Paulo – SP – Brasil
Tel.: 55 11 3078-5366
contato@blucher.com.br
www.blucher.com.br

Segundo o Novo Acordo Ortográfico, conforme 5. ed. do *Vocabulário Ortográfico da Língua Portuguesa*, Academia Brasileira de Letras, março de 2009.

É proibida a reprodução total ou parcial por quaisquer meios sem autorização escrita da editora.

Todos os direitos reservados pela Editora Edgard Blücher Ltda.

Dados Internacionais de Catalogação na Publicação (CIP)
Angélica Ilacqua CRB-8/7057

Debates clínicos : Volume 2 / organizado por Sérgio Telles, Beatriz Teixeira Mendes Coroa, Paula Peron. – São Paulo : Blucher, 2021.

168 p.

Bibliografia
ISBN 978-65-5506-301-1 (impresso)
ISBN 978-65-5506-298-4 (eletrônico)

1. Psicanálise. 2. Psicanálise – Estudo de casos. I. Telles, Sérgio. II. Coroa, Beatriz Teixeira Mendes. III. Peron, Paula.

20-4479 CDD 150.195

Índices para catálogo sistemático:
1. Psicanálise – Estudo de casos

Conteúdo

Apresentação   7

Caso 1: O homem dos pesadelos   11
    Chaim Katz, Decio Gurfinkel e José Martins Canelas Neto

Caso 2: O caso da mulher resignada a sua triste sina   35
    Daniel Delouya, Alejandro Luis Viviani e Ana Maria Trapé Trinca

Caso 3: História de um homem só   57
    Maria Laurinda Ribeiro de Souza, Octavio Souza e Elisa Maria de Ulhôa Cintra

Caso 4: Momentos de uma análise   81
    Nora B. Susmanscky de Miguelez, Leopold Nosek e Ana Rosa Chait Trachtenberg

Caso 5: O caso Hilda   105
    Barbosa Coutinho, Anna Maria Amaral e Nelson da Silva Jr.

Caso 6: Territórios e fronteiras: por onde pisa o psicanalista
de crianças?   125
*Ane Marlise Port Rodrigues, Eliana Rache e Audrey
Setton Lopes de Souza*

Sobre os organizadores   157

Sobre os autores   159

Apresentação

Este é o segundo volume de *Debates clínicos*, uma compilação de textos publicados na seção homônima da revista *Percurso*, do Departamento de Psicanálise do Instituto Sedes Sapientiae, em São Paulo (SP).

Em sua seção "Debates clínicos", a revista convida ao debate três psicanalistas de correntes teóricas e instituições diferentes: um deles é o apresentador e os outros dois são os comentaristas. É solicitado que o material e os comentários se atenham o mais possível à clínica, de modo que dela se depreenda a teoria, e não o contrário. Cada convidado só conhece os demais participantes no final do processo. Com isso, procura-se diminuir os fatores transferenciais que poderiam inibir a livre e descompromissada manifestação de opinião. O objetivo é ultrapassar as divisões em nosso campo, proporcionar movimentos integrativos e estimular o estudo de convergências e divergências na prática clínica.

A apresentação escrita de casos clínicos constitui tarefa complexa e de fundamental relevância. E uma importante forma de transmissão da psicanálise e de proporcionar a reflexão inerente a esse campo do saber. Dois pontos dificultam sobremaneira essa atividade. Em primeiro lugar, o que se denomina "material clínico", que é apenas um pálido recorte *a posteriori* do ocorrido entre analista e analisando; em segundo lugar, as questões ligadas à confidencialidade, pois todos os cuidados devem ser observados para preservar a privacidade do paciente. Apesar desses empecilhos, cabe lembrar que a apresentação e a publicação dos casos clínicos foram estabelecidas por Freud, que enfatizava o duplo compromisso do psicanalista com seu analisando e com o desenvolvimento do saber psicanalítico.

A tarefa dos editores cumpre um pequeno protocolo, do qual faz parte lembrar os apresentadores das implicações éticas referentes à publicação de casos clínicos, como tão bem descreveram Gabbard e Tuckett.[1] Os critérios do que se julga ser um "material clínico" ficam a cargo dos autores. Aos editores, cabe respeitar ao máximo o estilo e as idiossincrasias do discurso de cada um, entendendo que esses elementos são tributários do encontro transferencial entre analista e analisando.

Agradecemos, mais uma vez, aos colegas que, com sua participação, tornaram possível a realização deste livro e aceitaram o insuspeito desafio contido na experiência de narrar e de tecer comentários acerca de um material clínico. Uns narram suas experiências, outros acompanham tais percursos confirmando-os ou reelaborando-os e agregando polifonia ao que é narrado.

---

1 Gabbard, Glen O. (2000). Disguise or consent: problems and recommendations concerning the publication and presentation of clinical material. *International Journal of Psychoanalysis, 81*, pp. 1017-1086; Tuckett, David. (2000). Reporting clinical events in the journal: toward the construction of a special case. *International Journal of Psychoanalysis, 81*, pp. 1065-1069.

Espera-se que os leitores façam bom proveito da experiência clínica aqui acumulada, que, com suas concordâncias e divergências, possibilitam ricas discussões.

Os organizadores

Caso 1: O homem dos pesadelos[1]

Apresentador – Chaim Katz
Comentadores – Decio Gurfinkel e José Martins Canelas Neto

Apresentação de Chaim Katz

Markus está comigo há cerca de cinco anos. Veio de longa análise, que durou por volta de 22 anos, na qual o psicanalista suspendeu as sessões para morrer, tendo-o avisado antes, generosamente, que estava bastante doente. Escuto e aprendo transferência por seu relacionamento com o colega, a quem não conheci.

Depois de ouvi-lo e escutá-lo, entrevistas preliminares diriam outros, combinamos duas sessões semanais, que ele logo transformou em três. Devo dizer do meu relativo incômodo, pois ele já parecia pagar tais duas sessões semanais com alguma dificuldade. Hoje é atendido com duas sessões semanais, pois cortei dois dias de atendimento de todos os meus analisandos: eis a que a idade me obriga. Mas seria também uma identificação masoquista com o masoquismo dele?

---
1 Publicado originalmente em *Percurso*, 58, jun. 2017.

Suas queixas eram centradas em duas vias principais: pesadelos noturnos intermitentes e uma dificuldade de se reconhecer casado, de "ter família". De origem judaica, M se casara com uma mulher não judia, divorciada, de boa aparência (eu a conheci uma vez) e mãe de uma filha, a quem ele fez converter-se ao judaísmo. A família já veio pronta, mas faltam "os elos de sangue". Para ele, esse casamento era também uma prova(ção) enorme, pois mostrava (segundo ele, claro) o único desafio que conseguira impor aos seus pais (especialmente à mãe), que sempre o incentivavam ao casamento com uma moça judia e muito aguardavam desse acontecimento. Suas peripécias para (não) contar aos pais que estava "saindo" com a então namorada me pareciam relatos de um menino que esconde um grave segredo.

Ademais, "não se dá" com ninguém de sua família de origem, à exceção de um irmão algo mais novo, de quem cuidou desde o nascimento, atitude que mantém até hoje. Ambos têm uma propriedade decadente num bairro empobrecido da cidade, herdada dos pais, e os aluguéis que ele dali recebe lhe são, aparentemente, essenciais para sua sobrevivência. Seus pais já morreram há muito tempo, mas, além do irmão, tem outros parentes que pouco ou nada considera.

Markus fala um iídiche perfeito (que eu também manejo razoavelmente) e conhece bem o hebraico (que não domino). Narra seu nomadismo urbano no período de faculdade, sempre em busca de alguma mulher (judia? Como reconhecê-la? Uma parceira impossível ou quase, objeto idealizado e fóbico!) para se casar, e a impossibilidade de isso acontecer. Procura destinada ao fracasso, mas incessantemente repetida.

Por aí se revelavam algumas tratativas dialéticas, às quais a Psicanálise sabe e pode oferecer "soluções". Entendo/entendemos por "solução" alguma expressão que pode ser metabolizada psicanaliticamente, que no decorrer das sessões pode ser *bearbeitet* (perlaborada) pelo analisando, bem como deve ser situada nas teorias da Psicanálise e do próprio psicanalista, sempre no regime transferencial. Tais tratativas são o que há de dialetizável na linguagem, que Freud enunciou como elementos neuróticos. Ou seja, ditos que podem e devem ser interpretados, que se situam numa cadeia associativa que o psicanalista rejunta. E que fazem sentido para o analisando, isto é o mais importante. Tais distâncias e diferenças entre interpretação e construção merecem outra discussão, ainda por se organizar firmemente na Psicanálise. As diferenças entre ambas, interpretação e construção, devem se considerar também desde a perspectiva do analisando.

No caso de M são muito delicadas, pois não se reúnem no que nos habituamos a considerar como um todo parcial em que teriam significação unívoca ou biunívoca; ele recusa habitualmente as minhas interpretações, preferindo considerar as antigas, ditas por seu falecido psicanalista, como as que o "tocam" e favorecem sua inteligência atual. Esse remetimento saudoso a tudo o que se passou se repete em suas outras situações existenciais, o que nomeio (com Freud) de melancolia.

Markus tinha e ainda manifesta enorme inveja dos bem-sucedidos financeiramente, mas tem uma dificuldade (impossibilidade) simultânea de reconhecer tal sentimento, pois esses outros teriam se locupletado, sempre, de modo desonesto, conduta que ele condena firmemente e afirma que jamais praticaria; ele não era, não é e, principalmente, não quer ser desonesto. Mas tal ambivalência (que prefiro entender como ambiguidade melancólica) lhe é constitutiva, e ele precisa ter alguma coerência.

Assim, ele se apresenta, desde sua procura pela análise, como um *Schlemiel*, que em iídiche significa "azarado permanente".

A palavra *Schlemiel* diz o tolo, simplório, desajeitado, sonso, submisso, ingênuo, um coitado, mau negociante; um desastrado, que derruba coisas da mesa, que se (auto)propõe tarefas impossíveis etc.; da tribo de Shimon (o termo *Shimon* vem de "ouvir" ou "ser ouvido", tem a mesma raiz hebraica do verbo *shemá*, que significa "ouvir", "escutar"). Por sua vez, o tema do auto-ódio foi reatualizado na cultura alemã ou judaico-alemã por Theodor Lessing, em *Der jüdische Selbsthass*, de 1930.[2]

Observei, para pequena digressão, cerca de trinta termos começando com o fonema **Sch**, usado em iídiche para diminuir ou designar negativamente. Em iídiche temos, por exemplo: **Schmendrik**, pobre coitado, bocó, pequeno, baixo, fraco, magro; **Nebbich**, coitado, que não conta; **Schmok**, ornamento (literalmente um palavrão, "caralho"; similar ao nosso "babaca"), espertinho, detestável, alguém que vende a mãe; **Schlepper**, da raiz arrastar; **Schleppen**, ineficiente, desleixado, faz tudo pequeno, envolvido com coisas ordinárias, sem valor, barato, trivial, banal; o já mencionado **Schlemiel**, que talvez derive do cidadão Schlumiel, da tribo de Schimon, que se distinguia como perdedor – enquanto outros líderes ganhavam contendas, ele as perdia e perdia todas; **Schmegegge** seria um mutante entre **Schmendrik** e **Schlemiel**, um não admirável, simplório, não talentoso, um zé-ninguém; enquanto o **Schlemiel** derruba coisas, cabe ao **Schmeguegue** recolhê-las do chão; **Schlimazel** (**Schlim**: estreita, má; *mazel*: sorte), azarado, sem sorte, tudo dá errado com ele; **Schnorer**, pedinte, buscador compulsivo por barganha, indigente, impudente.

No seu retomar ocidental, bem antes da expressão de Einstein, de que não seria alemão nem europeu, Chamisso (1781-1838),

---

2 Relembro que Lessing foi assassinado por três nazistas, em 1933, em Marienbad, na então Tchecoslováquia, onde se exilou.

escritor que recuperou o termo e o tipo *Schlemiel*, falando da equivocidade do judeu, escreveu:

> *Minha pátria. Sou francês na Alemanha e alemão na França, católico entre os protestantes, protestante entre os católicos, filósofo entre os religiosos e carola entre as pessoas sem preconceitos; homem do mundo entre os sábios, e pedante no mundo, jacobino entre os aristocratas, e entre os democratas sou um nobre, um homem do Antigo Regime, etc. Em parte alguma sou apresentável, em toda parte sou estrangeiro – eu gostaria de abarcar tudo, e tudo me escapa. Sou infeliz... Uma vez que esta noite o lugar ainda não foi tomado, permita que eu vá me atirar de cabeça no rio...* (Parmentier, 2005, pp. 214-215).

Esta "série" pode se seguir com o grande poeta romântico judeu-alemão, Heinrich Heine (1797-1856), que barbarizou sobre a identidade do judeu com o *Schlemiel*: "O Judaísmo não é uma religião, mas uma desgraça". Ao que acrescentava o jornalista e escritor judeu austríaco Moritz Gottlieb Saphir (1795-1858): "O Judaísmo é uma deformidade de nascença, corrigível [apenas] pela cirurgia batismal". Seria corrigível?

Outro exemplo, ou contraexemplo, encontramos no ensaio e na narrativa ficcional do psiquiatra não judeu e antissemita notório Oskar Panizza (1853-1921), que na sua noveleta *Der operierte Jud* (em português, *O judeu operado*), de 1893, narra a saga de um judeu, Itzig Faitel Stern, que se submete a uma cirurgia reparadora, para ganhar características daquilo que se conheceria depois como arianismo, os puros povos indo-europeus arianos. Ele fracassa, pois, sendo-lhe intrínseco seu judaísmo, a cirurgia termina por ser malsucedida; ele volta (regride) a ser um homem judeu "normal", recompondo-se no corpo originário judeu, deformação e carência do puro corpo ariano (Panizza, 1895). Tal oscilação, insultuosa/laudatória, acompanha os judeus e também alguns não judeus europeus há muito tempo (Slezkine, 2009).

Sem insistir em demasia, isso põe em jogo toda uma concepção do que seria o masoquismo que, como quer certa direção psicanalítica, seria uma contrapartida do sadismo. Bem, comparem-se as duas concepções, uma que demanda um movimento original e suas cópias (simulacros) e sua oposição masoquista; outra, mais deleuziana, que fala da autonomia e afirmação específica do masoquismo (não como polo negativo de um sadismo nem como sua oposição dialética, mas como uma posição afirmativa e autônoma).

Estendi-me um tanto a respeito do morfema *Sch*, que em iídiche tem tão forte conotação negativa, não só por *Schlemiel* ser a forma pela qual Markus se denomina e se diminui, seguindo uma longa tradição judaica, como ainda porque – e isso logo chamou minha atenção – o psicanalista que ele agora procura é um desses *Sch*, pois um de meus nomes se inicia com esse morfema.

E os pesadelos? Insistem todas as noites. Se o antissemitismo e o auto-ódio (*Selbshtass*) de Markus se diluíram bastante, seus pesadelos permanecem. E não o deixam dormir nem o fazem ficar alerta todas as noites. Mas, "pesadelando", quanto mais se reconhece, mais se difama (quem ou o que o "reconhece"?) e fica muito cansado. A característica insistente e permanente dos pesadelos é o **não**, pesadelos mais que autodepreciativos, autodestruidores, dispersivos, autoagressivos, tais pesadelos são destruidores repetitivos e insistentes de qualquer chance de pulsões de vida, que procuram dar uma forma a coisas e relações. Pesadelos que dividem permanentemente seu "eu desperto" (sua fórmula). Diz ele:

> *Não sei, nunca soube (mas discute à beça, geralmente com um psicanalista imaginado que se lhe opõe, pois eu, seu psicanalista atual, em geral me mantenho silente; mas falo como opositor e hostil na sua imaginação, claro), não sou bem-sucedido; nos pesadelos me aparece o Fulano que enganou a firma o tempo todo e a mim, que era seu superior ali; mas Fulano se afirmou, pois todos acredita(va)m nele, ele é e foi um grande vencedor, enquanto eu sou o perdedor. Mas não queria ser nem quero ser como ele, um desonesto.*

Só que, como nos ensinou Freud, ele, M, é o sonhador. Quem lhe aparece nos pesadelos é algo de si, por mais recusado que seja. Já afirmei como nesses relatos ele discute à beça, com quem quer lhe indicar o "funcionamento" do seu inconsciente. Meu silêncio é inútil, perdido para sempre nas suas algaravias. Mas também inúteis são as construções, pois lhe são inaceitáveis. Não haveria solução de compromisso bem-sucedida...

Ultimamente lhe aparece a mãe, sexualmente oferecida nos sonhos. Em sua vida desperta, Markus não tem ereção, menos ainda prazer sexual. Mas, nos sonhos, eles emergem e se manifestam, pode ter ereção à noite sonhando, mesmo sem polução. Positividade dos pesadelos! Sempre com a materna figura oferecida. Isso é acompanhado de uma "vontade de mijar" (castração), que emerge de hora em hora. Quando acorda, bem cedo, às 5 horas, cessa a enurese (a "grande" explicação/interpretação seria: já ejaculou? urinou?). Segundo um colega observador, M não tem ereção nem orgasmo, mas em seus pesadelos emergem a ereção e a ejaculação, sob forma de enurese noturna. Por isso, ele não conseguiria dormir, permanecendo acordado para não gozar com a própria mãe. Desse modo, escaparia da castração. Mas questiono se ele pode, se é suficientemente neurótico para perlaborar tal hipótese que exigiria uma organização não melancólica para sua recepção.

Partícipe de seu auto-ódio, seu ódio consciente a Israel é notável. Tem uma cadelinha, objeto amoroso principal e mais importante de sua existência. Mas M, finalmente, encontrou um país inteiro que tem cinofobia: Israel. Tudo lá é errado, mas de modo especial detestam cachorros, que ele tanto ama. Na opinião de M, qualquer um que deteste os cães é alguém de qualidade humana inferior.

Serão os judeus apenas "gatos", alguns "gatos" bem-apessoados, mas também, todos, ladrões, gatunos?

Tentei o modo clássico de interpretar as enureses, mas... Sempre com a materna figura oferecida, como parece, por vezes, a mãe para uma criança bem pequena, na "busca incansável e inalcançável de um objeto determinado". Porém, sua memória (secundária) não o deixa associar. Os sonhos o põem a trabalhar, acorda exausto; mas sendo os sonhos dispersos, não sabe o que contar, sua solidão impede transferência: "o senhor (a distância que ele coloca na expressão, senhor doutor) não acompanharia"; seu conteúdo escapa de suas narrativas ou ele se sente demasiado sozinho para que alguém possa segui-lo e acompanhar seus sonhos. M só relata o desalento e o cansaço permanentes, bem como uma solidão negativa incurável. O que traz lembranças do pai, que não apenas deixou de "acompanhá-lo" no que diz respeito à proteção contra a crueldade materna como não falava nada ou pouco falava com ele. Não, não era a mãe que o botava para urinar antes de dormir, mas o pai, que pegava no seu pênis quando o colocava no tanque, no quintal da casa, de pé, à noite, para facilitar a saída do mijo; o que evitava que ele mijasse na cama. Pênis ou pau que, já há algum tempo, não sobe: mas ele não pode "mijar fora" da cama nem dentro, porque a mulher é uma não judia que tentou uma conversão impossível (argumentação inconsciente, similar à de Panizza, sobre os corpos naturalizados).

Mas necessita de "sua" família, que ele nunca teve nem tem. No fim de semana, M oferece à sua família, muito generosamente e em troca de um *mitsein* (estar com os outros) provisório e bem curto, um repetido cardápio alimentar reproduzido num chato almoço, sem conversas: melancolia e falta de objetivos, na verdade, ausência de objetos, abandono total insistente.

Todo o amor que não sabe (não pode) sentir pelas pessoas, sente pela cachorrinha, que ganhou um nome hebraico. Ele seria o único nisso, pois os judeus seus vizinhos, todos, detestam cães, animais que também não são queridos em Israel. Segundo ele, sem nenhuma associação de ideias ou imagens, não aceitando nenhuma espécie de interpretação, para curar a enurese vai aos médicos urologistas e faz muitos exames de ureter, bexiga, rins, urina analisada, avaliada e medida, elasticidade muscular quantificada, e tantos procedimentos médicos. Tal como veio, a vontade de mijar passa. Ele não reconhece tais fatos, deixa de narrar os eventos "mijatórios" que o vitimizam, mas eles existem.

A questão de como cães e gatos podem ser objeto de amor ou ódio adquire especial interesse na medida em que o significante "gato" remete a um de meus nomes. Isso é constante, enquanto os conteúdos dos pesadelos não o são. Narram-se apenas como figuras de afetos tristes, de maus encontros, mas sem forma representacional mais estável ou duradoura. "O senhor não sabe como são meus sofrimentos, bem eu (não) vou lhe contar, pois escapam da minha linguagem, não sei dizê-los verbalmente". Supõe-se que o psicanalista ignore, pois o melancólico não sabe (se) dizer, menos ainda ser acolhido.

Apesar de seu psicanalista ser "gato" e um *Schlemiel*, M persiste e consiste na análise, pois é somente assim que pode sustentar ou tentar sua existência. Colar seu "eu dividido". Como mostraria Freud, é na transferência com esse psicanalista surdo e que não o compreende, em sessões às quais ele não falta, que M pode transmitir sua *Unbehaglichkeit*, seu *Nishguit*, seu mal-estar difuso e extenso.

Fracasso psicanalítico, das interpretações ou do psicanalista? Ou o psiquismo único com que muitos teóricos sonharam simplesmente inexiste?

Referências

Lessing, T. (1930). *Der jüdische Selbsthass*. Berlim: Jüdischer Verlag.

Panizza, O. (1893/2007). *Der operirte Jud*. Vezseny: Ngiyaw.

Panizza O. (1895). *Der Illusionismus und die Rettung der Persönlichkeit*. Leipzig: Wilhelm Friedrich.

Parmentier, S. (2005). Adelbert von Chamisso e o narcisismo primário. *Ágora*, VIII(2), pp. 207-235.

Slezkine, Y. (2009). *Le siècle juif*. Paris, La Découvert.

Comentário de Decio Gurfinkel

O azarado e seu poço de negatividade

O "homem dos pesadelos" parece sofrer de uma "neurose de destino". Por efeito de uma compulsão à repetição, as situações de fracasso se repetem permanentemente em sua vida, o que nos faz indagar, com Freud, se sua trajetória pessoal não se encontra "além do princípio do prazer". Pois qual é, afinal, a tendência que a dirige? Ainda a busca de prazer, que, por uma sucessão de infortúnios, acaba sempre por dar com os burros n'água? Como entender essa *fixação insensata no negativo*?

O paciente se autoidentifica como um *Schlemiel* – um "azarado permanente". O relato que nos faz seu analista parece combinar com essa autointerpretação, pois desse recorte que temos acesso sobressai uma *imagem congelada*. Não há movimento psíquico, não testemunhamos o trabalho de investimento, de significação e de (re)criação de sentidos que caracteriza a vida psíquica. Sentimos falta de uma história, a clássica "história clínica": um romance familiar, a visão de um passado com um repertório de cenas encadeadas etc. Afinal, quando e como esse homem se casou? Houve relacionamentos anteriores? Como surgiu e se desenvolveu o sintoma de disfunção erétil? Existem mitos de origem – à maneira de "hipóteses etiológicas" – que procurem dar conta do estado miserável em que ele se encontra? No lugar de uma história, uma imagem congelada: um *Schlemiel*.

Creio que o enigma que moveu Freud a escrever o célebre texto de 1920 continua a nos inquietar em nossa clínica cotidiana. A partir da virada teórico-clínica que esse trabalho produziu, os analistas foram cada vez mais percebendo as limitações de seu modo de compreender e trabalhar com certos pacientes segundo o modelo das formações do inconsciente, no qual o sentido do sintoma (psiconeurótico) obedece à mesma lógica de construção dos sonhos e lapsos, o que enseja, do lado do analista, o trabalho de interpretação. Observamos, assim, como na história da psicanálise cada vez mais se fez necessário complementar uma "clínica do recalcamento" pela elaboração de novos modelos teórico-clínicos. Tenho proposto considerar essa evolução teórico-clínica segundo o contraste entre uma "clínica do recalcamento" e uma "clínica da dissociação"; nesta última, observamos justamente o que nomeio de "colapso do sonhar".[3]

O analista de nosso azarado termina seu relato com a hipótese de um "eu dividido" e nos adverte contra a crença de muitos analistas sobre a existência de um "psiquismo único". A divisão do eu, que foi inicialmente descrita por Freud no fetichismo, parece ter ganho um lugar cada vez mais presente no olhar dos analistas; desde "Neurose e psicose" (1924), a proposição das "neuroses narcísicas" abriu caminho a uma terceira forma clínica para além da perversão, tendo na melancolia uma matriz de referência. Como fica o trabalho do analista nessa "clínica da dissociação"? Vimos como, no presente caso, a oferta de construções se mostrava inútil; da mesma maneira, uma verossímil interpretação dos "sonhos da mãe oferecida" com base na questão da castração é questionada pelo analista – já que o paciente não lhe parece "suficientemente neurótico para perlaborar tal hipótese". Esse é um desafio que inquieta o analista, assim como tantos de nós em nosso trabalho cotidiano...

Bem, o pesadelo – o elemento escolhido por nosso colega para designar seu paciente – aponta, justamente, para um colapso do sonhar. Os diversos distúrbios do sono e do sonho, quando crônicos, são frequentemente indicadores de *falhas do funcionamento onírico*. Aquela máquina de sonhar descrita e idealizada por Freud em 1900 nem sempre opera como o previsto; o sonho nem sempre é uma realização de desejo. *Além do princípio do prazer* se torna um divisor de águas, quando lembramos que é lá que, pela primeira vez, Freud reconheceu a existência de tais falhas. Ora, se os chamados "sonhos de angústia" não contradiziam a primazia do princípio do prazer, já indicavam um desequilíbrio da função sono-sonho, já

---

3 Reuni algumas das minhas ideias sobre a clínica da dissociação e o colapso do sonhar em meu livro *Do sonho ao trauma: psicossoma e adicções* (2001).

que o despertar angustiado indicava que algo ultrapassou e rompeu a capacidade de continência da experiência psíquica; mas, no caso de Markus, o desarranjo parece ir mais longe. Há um distúrbio que desorganiza o corpo de modo direto, na forma de enurese; o masoquismo atinge seu requinte quando a ereção, inexistente na vigília, torna-se um gozo atacante e irônico no pesadelo. As associações não se desdobram, e a interpretação edipiana não opera. O "sonho da mãe oferecida" me parece muito mais um "sonho cru", tipo de sonho descrito por Pierre Marty (1998) e por ele encontrado nos doentes somáticos. Estes se caracterizam pela figuração direta de cenas que realizam os fins pulsionais, sem deformações, disfarces nem defesas; neles, não se encontra o trabalho fundamental de mediação da elaboração onírica – são "fotografias do inconsciente" – e culminam, em geral, no despertar do dormente.

Podemos inferir que, em Markus, há a lacuna de um "espaço para sonhar".[4] O sonhar necessita de um continente para seus conteúdos, de um espaço potencial para desenrolar o seu brincar, de um palco em que possa se desenrolar o seu teatro noturno. Será que Markus não pode "mijar fora" da cama ou "gozar dentro" da mulher não judia devido aos efeitos do recalcamento – a punição pelo gozo proibido, obra de um supereu violento? Ou é porque carece de uma "estrutura enquadrante" – segundo expressão de Green (1999) –, um lugar onde depositar seus produtos e no qual se daria o trabalho de digestão psíquica do qual estamos acostumados a ter notícia no trabalho do sonho? Um dos atributos da identidade judaica enquanto "equivocidade do ser judeu" trazidos no relato é o de uma estrangeiridade radical – "em toda parte sou estrangeiro" –; não seria essa "ausência de lugar" também a

---

4 A expressão foi pela primeira vez proposta por M. Khan e, depois, retomada e desenvolvida por Pontalis e outros. Discuto o tema em detalhe em *Sonhar, dormir e psicanalisar: viagens ao informe* (2008).

expressão de uma lacuna tópica *interior*, aquela que constitui o espaço do sonho? O sonhar, segundo eu o concebo, se caracteriza pelo interjogo dialético entre o estrangeiro e o familiar, entre o estar só e o estar com – interjogo tão bem representado pelas figuras da espiral e do quadrado. É apenas nesse interjogo que o sonhar ganha sua verdadeira vocação de função intrapsíquica criativa, da qual nasce o engendramento de objetos e a produção de sentidos, assim como o associar, o transferir e o interpretar.

Quando o analista nos diz que a característica insistente dos pesadelos de Markus é o **não**, já que "são destruidores repetitivos e insistentes de qualquer chance de pulsões de vida, que procuram dar uma forma a coisas e relações", penso que ele está indicando a *negatividade radical* que domina a vida psíquica do paciente. O **Sch** do **Schlemiel** é, aliás, sua expressão mais pura e direta. Essa negatividade difere daquela do trabalho do recalcamento, na qual o impedimento/interdição da livre emergência e expressão das moções pulsionais engendra um rico universo de sentidos e ligações psíquicas, rede associativa que é nosso acervo simbólico mais rico. Segundo um movimento dialético, o retorno do recalcado reanima o mundo dos objetos, por meio do "investimento objetalizante" de Eros. Como propôs Green, o desinvestimento desobjetalizante da negatividade radical que está presente em muitos pacientes – como nos ditos fronteiriços – produz um vazio, um branco e, sobretudo, um vazio de sentido. Em outros termos, trata-se do colapso do sonhar.

A negatividade em Markus fica exemplarmente ilustrada por sua nostalgia. Ao recusar as interpretações do analista, ele só sente como interessantes aquelas de seu antigo analista, o falecido. Aqui eu me lembrei de um relato clínico de Winnicott (1975), no qual, para a paciente, o último de seus analistas anteriores era sempre mais importante que o atual: "o negativo dele é mais real que o positivo em você", lhe dizia ela (p. 42). Segundo Winnicott, nesse caso, "o negativo é o único positivo", ou seja, há uma tentativa desesperada de transformar a negativa numa última defesa contra o fim de tudo. A nostalgia, conclui ele, indica a precariedade do apoio na representação interna de um objeto perdido. Ora, um dos golpes do destino mais interessantes da história da psicanálise é que essa paciente veio a ser, ulteriormente, analisanda de Green, após a morte de Winnicott. Green nos traz essa história e seus desdobramentos clínicos de maneira muito emocionante, em um depoimento em que nos conta como o conceito de negativo que veio a propor e desenvolver em seus trabalhos teve sua inspiração, em grande parte, em *O brincar e a realidade* e – mais especialmente – na discussão do referido caso clínico (Green, 1999). O analista de Markus prefere chamar esse "remetimento saudoso", seguindo Freud, de melancolia; em sua discussão clínica, Winnicott opta por nomeá-lo "depressão esquizoide". Seja qual for a nomenclatura adotada, creio que estejamos aqui circulando pelo vasto campo das formas clínicas que não se adaptam nem ao modelo da neurose nem ao da psicose, campo psicopatológico que teve seu gesto inaugural com a proposição freudiana das neuroses narcísicas. Nele, muitas vezes, falou-se também em termos de casos fronteiriços.

Bem, mas Markus encontrou um caminho identitário e uma figuração possível para sua negatividade: uma forma muito particular de ser e de se ver como judeu. Tal imagem negativa tem uma base bem estabelecida, como bem nos lembra seu analista, em uma tradição cultural, histórica e literária e na própria língua iídiche. O conhecido humor judaico se traveste aqui de triste ironia: qualquer tentativa de "conversão" não é possível, pois a "operação" vai necessariamente fracassar. O "ser judeu" insiste: a operação cirúrgica fracassa, como na narrativa de Panizza. A compulsão à repetição é implacável, e o destino funesto não se dobra.

Por outro lado, se observarmos com mais cuidado, temos também um aspecto bastante interessante: na história dessa análise, a identidade negativa (judaica) se fez laço e produziu um laço propriamente transferencial, pois o analista fala a mesma língua, e é também um *Sch*. Comunidade de destino? Aplacamento da inveja, tão evidente e tão denegada? Assim, se todos são igualmente *Sch*, "ninguém goza por aqui" – ou, pelo menos, ninguém pode gozar para além do sofrimento masoquista e da neurose de destino. Mas o analista é também um gato – um judeu bem-apessoado, e talvez um gatuno! Se relança, assim, no campo da transferência, todo o sofrimento e todos os impasses de um destino em negativo. Penso: eis aí, também, uma brecha; eis aí uma esperança de abertura...

Com base nisso tudo, nosso colega nos leva a indagar, com seu belo relato: como pensar o horizonte de cura nessa análise? Em primeiro lugar, vimos como, em casos como esse, se faz fracassar a função analítica da interpretação: só a concretude da cura médica de um urologista é capaz de tratar a enurese e a impotência... Ora, de qual lado mesmo ficam colocados o fracasso e a impotência? Em segundo lugar, faz-se necessário – como bem assinalou nosso colega – rever nossos ideais de cura e nosso modelo de um sujeito plenamente "integrado"; na clínica da dissociação, a experiência psicanalítica passa por outros canais. Esse trabalho de revisão é um trabalho contínuo no campo da contratransferência. Por fim, creio que podemos conceber a tarefa analítica, aqui, como orientada para a (re)construção da função do sonhar, em seu sentido mais amplo. Winnicott propôs, nos casos em que o brincar não era mais possível, a tarefa de construir, na situação analítica, as condições para que o brincar pudesse ser experimentado; penso que algo análogo pode ser dito quanto à função do sonhar.

Um último ponto: o analista de Markus apresenta-se como silencioso. Como pensarmos o sentido desse silêncio? É curioso, pois também Winnicott (1975), em seu relato da análise da paciente nostálgica, nos fala de seu silêncio: "estou calado porque não sei o que dizer" (p. 45). A paciente recebia bem esse silêncio. A partir disso, uma instigante construção sobre o silêncio emergiu nessa análise: ao ficar em silêncio, o analista atual pode ser conectado ao analista anterior que a paciente está sempre buscando. Pode-se abrir, assim pensa Winnicott (1975), um caminho em direção a um "poço geral da subjetividade" (p. 45), no fundo do qual as experiências de ausência e de branco podem, enfim, se fundir e se reencontrar – desde as marcas profundas da ausência materna experimentada precocemente pela paciente até a sombra do analista anterior que, mais cedo ou mais tarde, ela nem mais vai se lembrar como era. Trata-se do "poço da nostalgia", poderíamos dizer; seria o mergulho radical nesse poço de negatividade – através de um silêncio que não sabe mais o que dizer e de um esquecimento que desiste de rememorar –; seria uma proposição cabível, em casos como este, para orientar a direção da cura?

Referências

Freud, S. (1924). *Neurosis and Psychosis*. P., 2, 250-4. (Trad. de Joan Riviere.)

Green, A. (1999). A intuição do negativo em *O brincar e a realidade*. In *Livro anual de psicanálise* (Vol. XIII). São Paulo: Escuta. (Trabalho original publicado em 1997)

Gurfinkel, D. (2001). *Do sonho ao trauma: psicossoma e adicções*. São Paulo: Casa do Psicólogo.

Gurfinkel, D. (2008). *Sonhar, dormir e psicanalisar: viagens ao informe*. São Paulo: Escuta.

Marty, P. (1998). Los sueños en los enfermos somáticos. In M. T. Calatroni (org.), *Pierre Marty y la psicosomática*. Buenos Aires: Amorrortu. (Trabalho original publicado em 1984)

Winnicott, D. W. (1975). *O brincar e a realidade*. Rio de Janeiro: Imago.

Comentário de José Martins Canelas Neto

O convite para refletir sobre o relato de uma análise sem sabermos quem é o analista é uma excelente iniciativa da revista *Percurso*. Agradeço a oportunidade que me foi concedida de participar desta discussão. O relato escrito de uma análise dificilmente consegue transmitir de maneira realista como se desenrolou o processo analítico no calor das sessões. Ao mesmo tempo que oferece o interesse de nos trazer uma construção mais elaborada do processo, esse relato não deixa de ser, obviamente, uma construção do analista a partir da experiência vivida com aquele paciente. Portanto, matizado também por sua contratransferência.

No caso de Markus, temos o relato de um processo de cinco anos de uma segunda análise. Como o texto segue um caminho que vai mostrando o desenrolar da análise e das questões colocadas pelo paciente, farei meus comentários seguindo sua sequência.

Todo início de análise é singular. Com Markus não foi diferente: ele chega proveniente de uma análise (interminável) de 22 anos, que só pôde ser encerrada com o anúncio da morte próxima de seu analista, tendo o analista atual apreendido essa transferência com o colega falecido. É interessante nos interrogarmos sobre a natureza dessa transferência que não pôde ser dissolvida, elaborada, na anterior. A propósito desse tema, vem à minha mente o artigo "Análise com fim ou sem fim" (1937), de Sigmund Freud. Nesse artigo, considerado por alguns como pessimista, Freud se interroga sobre os fracassos da análise, o sentimento de culpa inconsciente e a reação terapêutica negativa. Seguindo essas associações, penso que o caso de Markus nos coloca, desde a primeira entrevista, diante de questões dessa ordem.

Podemos levantar aqui algumas indagações iniciais: havia um vínculo transferencial de dependência não analisável (ou analisada) com o analista anterior? Haveria uma dificuldade extrema do paciente de se separar do analista, vivido como objeto primário? O que o leva a prosseguir outra análise? Elaborar esse luto impossível ou manter uma relação com um objeto do qual não quer se distinguir? Essas questões me fazem pensar no conceito freudiano de narcisismo primário.

Nas entrevistas preliminares, Markus atua seu desejo de fazer mais sessões do que o analista havia proposto ("ele logo *transformou* em três"). O analista fica incomodado, ligando esse sentimento à dificuldade do paciente em pagar por três sessões, ao mesmo tempo que levanta também uma interessante questão sobre sua possível identificação masoquista com o masoquismo do paciente, embora não desenvolva mais essa ideia.

Atualmente, tendo a pensar que é ilusório acreditarmos que o analista deveria ficar, sempre que possível, isento, imune, neutro, no decorrer de uma análise. A experiência clínica foi me mostrando que, na análise, sempre estamos diante de um incômodo singular com cada novo paciente. E isso não melhora com o tempo; não atingimos um dia uma condição confortável, mais lúcida e isenta. A situação analítica nos é sempre perturbadora. Talvez a experiência dos anos nos ajude a tolerar um pouco melhor essa perturbação. No entanto, refletindo com base nesse relato, distante da situação real da sessão, posso levantar um ponto a partir do incômodo do analista: a atração para uma identificação masoquista com o masoquismo do paciente. Do ponto de vista metapsicológico, o relato suscita a questão de qual seria o tipo de organização do masoquismo desse paciente, levando-me a pensar nos conceitos de narcisismo e masoquismo.

Markus apresenta duas queixas iniciais: pesadelos noturnos intermitentes e uma dificuldade de se reconhecer casado. Esta última é expressa de uma maneira singular que me chama a atenção: a dificuldade de *"ter* família". No relato do analista sobre essa dificuldade, aparecem claramente questões edípicas infantis do paciente, ligadas aos conflitos com seu casamento: faltam nele os "elos de sangue", que me fazem pensar nesses "relatos de menino" como constitutivos de uma narrativa de sua neurose infantil – a qual me parece ainda muito ativa.

Exposta essa primeira camada da organização psíquica do paciente, o analista menciona brevemente que o casamento representava, para Markus, "o único desafio que conseguira impor aos pais (especialmente à mãe)". Essa representação me fez pensar no grande desafio que era para ele romper seus "elos de sangue" com a mãe, principalmente tendo em vista que, no decorrer do processo analítico, Markus menciona a crueldade dela para com ele. Existe aqui uma relação sadomasoquista com o objeto edípico? Ou há uma relação de vida ou morte para se diferenciar e se separar da mãe (sangue)? O significante sangue também me faz pensar na organização do complexo de castração do paciente.

Em qualquer análise, a dimensão do universo cultural do analisando e do analista é muito importante. Todo esse quadro edípico de Markus está inserido numa família de tradição judaica e nos conflitos que se atrelam às dimensões próprias dessa cultura. O fato de o analista ser da mesma cultura judaica que o paciente me pareceu ser absolutamente fundamental para Markus, tanto quanto para construir minha reflexão sobre o caso. Além disso, o analista, assim como o paciente, fala iídiche. Vemos mais à frente como um morfema do iídiche desempenha papel central significante dentro da transferência do paciente com o analista.

Na sequência do relato, o analista informa que Markus prefere as interpretações do antigo analista, recusa que é interpretada pelo novo como ligada ao vínculo nostálgico que ele tem com o profissional anterior (é levantada aqui a hipótese da melancolia).

O relato segue com uma descrição de vários aspectos narcísicos masoquistas do paciente, como a inveja dos bem-sucedidos, que são sempre desonestos. Nesse discurso, graças à posição masoquista narcísica que ele assume, Markus coloca-se numa posição onipotente: "Eu sofro, mas estou, nesse sofrimento, acima dos outros".

Entramos aqui na parte mais interessante do relato do caso, quando o analista apresenta o morfema iídiche *Sch*. Ele nos explica, com muitos detalhes, toda a sua rede de significados, os quais condensam um alto poder de negativação naquela língua. Essa informação tem importância no caso, pois, ao mesmo tempo que Markus se considera *Schlemiel*, o *Sch* constitui também o início de um dos nomes do próprio analista. Podemos nos indagar sobre essa transferência de um significante ligado ao analisando a algo que é parte absolutamente singular da pessoa do analista (seu nome). O quanto esse aspecto pode ter tido uma influência inconsciente na escolha do analista? Podemos levantar a hipótese de uma união de Markus com seu novo analista dentro do espectro de significações negativas ligadas ao morfema *Sch* (já que o analista é um *Sch* como ele).

O analista desenvolve uma reflexão associativa muito interessante e pertinente sobre a "equivocidade do judeu". A questão da identidade do judeu estabelece uma relação com a problemática psíquica do paciente. O autor cita o escritor Moritz Gottlieb Saphir:

"o judaísmo é uma deformidade de nascença, corrigível apenas pela cirurgia batismal". A alusão à castração é evidente. Penso que podemos falar aqui da questão do complexo de castração. Markus é uma "deformidade de nascença". Ser judeu representa, para ele, a imposição da castração e o corte de seu vínculo com o objeto primário. O interessante nesse caso é que o paciente se apresenta com os benefícios narcísicos masoquistas dessa equivocidade de sua identidade de judeu.

Em seus textos sobre as questões da cultura e da civilização, Freud coloca a oposição entre a cultura e um desejo inconsciente que se opõe a ela. Trata-se de uma permanente luta entre desejo inconsciente e cultura.

Podemos compreender o fato de que, durante muito tempo, o paciente não quis ouvir nem pensar nas intervenções do analista. O que contava nesse período era sua "ancoragem identitária" ao analista. O morfema *Sch* aponta para esse aspecto da transferência. O significante que circula entre analista e paciente aponta para toda a problemática conflitiva de Markus em relação à sua identidade judia. Essa transferência narcísica (aguentar ser um *Sch*) foi pacientemente tolerada pelo analista, o que, a meu ver, era essencial para que a análise se desenrolasse. O narcisismo aparece aqui impregnado pelo masoquismo do paciente.

Um trabalho de transformação desse masoquismo parece ter sido efetuado por meio do processo analítico, pois nos é relatado que "o antissemitismo e o auto-ódio de Markus se diluíram bastante". Levanto a hipótese de que o trabalho psíquico do analista em torno do significante *Sch* foi fundamental para essa mudança no paciente.

Apesar desse avanço, os pesadelos permaneceram. Na visão do analista, têm como característica permanente o "não", sendo "destruidores repetitivos e insistentes de qualquer chance de pulsão de vida", ao mesmo tempo que para o paciente são o que "divide permanentemente seu eu desperto". Essa expressão se refere à divisão que se instaura no sujeito do desejo? Os pesadelos refletiriam o lado destrutivo do desejo? Aqui, o paciente exprime mais uma vez seu narcisismo masoquista. Essa atitude e discurso parecem criar uma barreira na comunicação com o analista. Não é possível falar de seu funcionamento psíquico, mas também, como afirma o analista, "meu silêncio é inútil". Contudo, parece não se tratar aqui de um silêncio habitado, encarnado, para o paciente. Pelo mesmo motivo, são rechaçadas aqui as construções do analista, pois, ao se sentir impotente, inútil, negativado, o "não" passa a influenciar sua função analítica. Nesse ponto, o processo parece estar girando em falso.

A sequência do relato me causou surpresa: o aparecimento de sonhos em que a mãe surge como "sexualmente oferecida". Informa-nos o analista que somente nesses sonhos o paciente consegue ter ereção e que acorda várias vezes para urinar. Apesar de fazer sentido a sua hipótese exposta no texto referente à castração, ele não parece convencido de que o paciente seja suficientemente neurótico para elaborar tal hipótese. No entanto, me chama mais a atenção o caráter cru, direto e incestuoso dos sonhos sexuais do paciente com a mãe do que seu sentido edípico. Praticamente não há aqui deslocamento algum.

Talvez possamos supor que a cena incestuosa alucinatoriamente realizada com a mãe nos sonhos tenha papel central para explicar sua atitude narcísica masoquista. Tornar-se um *Sch*, um coitado, um azarado, cria uma cisão no seu "eu desperto" que o impede de ser desejado e seduzido sexualmente pela mãe, como nos sonhos. Sobre esse tema, remeto a Freud, que insiste no caráter imperioso, poderoso, das pulsões e fantasias infantis.

O analista nos conta que suas tentativas de interpretação não desencadeiam recordações nem associações no paciente. Mas, por outro lado, o fato de que sonhar esses sonhos "o põe a trabalhar" evoca uma capacidade de figuração, embora crua e sem deslocamentos, mas, assim mesmo, uma figuração. Markus não sabe o que contar, uma vez os sonhos dispersados. Há pouca tessitura psíquica em torno dessas figurações de suas pulsões sexuais.

Nessa parte do relato, surgem lembranças do pai "que não o protegera da crueldade materna" e que tinha um comportamento erotizado ao pôr o menino para urinar. É interessante ressaltar aqui a ligação desse erotismo homossexual com o pai, que surge após as cenas sexuais dos sonhos com a mãe, com a enurese noturna. Nesses sonhos e experiências noturnas, Markus parece viver sua sexualidade infantil com ambas as figuras parentais.

Apesar do relato do analista insistir sobre a imobilidade psíquica melancólica do paciente, penso que podemos ver mudanças no decorrer dos cinco anos de análise. Após um período inicial em que se apresenta totalmente fechado em seu narcisismo masoquista, Markus parece poder figurar sua sexualidade infantil e, depois, recordar a cena com o pai. Seria a constituição do complexo de Édipo durante a análise? Outro ponto interessante é a eleição da cadelinha como objeto de amor. Trata-se de um elo não ambivalente. A fidelidade amorosa do cão é total.

Para terminar, é interessante notar que, no final do relato, surge novamente uma ligação com o analista por meio de um significante de seu nome. Dessa vez, "gato", que remete ao amor sem ambivalência da cadelinha. Sinal de mudança de orientação do negativo para o positivo na transferência?

Caso 2: O caso da mulher resignada a sua triste sina[1]

Apresentação – Daniel Delouya
Comentadores – Alejandro Luis Viviani e Anna Maria Trapé Trinca

Apresentação de Daniel Delouya

Vejo essa paciente há vários anos. Quando iniciou o trabalho comigo, ela já havia perdido as esperanças de engravidar e de se tornar mãe. Precisava, segundo ela,[2] retomar a terapia (pois já havia feito outra análise) pela aflição constante que a acometia unida a sentimentos de desmoronamento associados às circunstâncias da vida familiar.

Nos primeiros anos de análise, predominava o tormento devido às ambiguidades nas abordagens do ex-marido. Ela fora atraída pelas promessas dele de restituir o aconchego do lar, do casal, mas logo percebia que ele fracassava em assumir o convívio próximo, e sexual, com ela. Aos poucos desprendeu-se desse apego, dele nela e, talvez, dela nele. Os relacionamentos com homens continuam

---

1 Publicado originalmente em *Percurso*, 59, dez. 2017.
2 Na versão original não revisada, estava grafado "segunda ela", o que mereceu algumas observações por parte do comentador Alejandro Luis Viviani, como pode ser visto adiante. (N. E.)

ocorrendo esporadicamente e por períodos curtos. Um interesse e certa excitação dão logo lugar a uma sensibilidade e desconfiança quanto ao futuro da relação.

Mas suas frequentes aflições se devem ao insucesso de seus esforços em cuidar de sua família de origem; em reparar o desleixo de sua irmã e de seu irmão para com a própria vida e a dos filhos deles, os sobrinhos da paciente. Os familiares contam com ela, com sua disponibilidade e praticidade, prestando-lhes ajuda afetiva e material, mas não levam em conta as necessidades dela. Sua entrega e fidelidade permeiam também as suas amizades, das quais, porém, não deixa de tirar proveito. Não obstante, a exploração de sua boa vontade acaba atingindo a saturação. Já que não é, propriamente, a ingenuidade crédula e infantil que rege o seu desapontamento com os outros (ex-marido, amantes, parentes, amigas e colegas do trabalho), fica certa indagação quanto a ausência de queixas dessas situações. Ela as vivia como uma sina à qual tem de se submeter e que só lhe resta lamentar o infortúnio. A paciente não media esforços, afetivos e econômicos, para melhorar as condições de vida de seus sobrinhos que se encontravam, muitas vezes, em situações dramáticas. Porém, essas situações transferiam-na, por outro lado, para um terreno de avassaladora solidão, de desespero e de temor do colapso.

O ambiente de casa de sua infância foi bastante turbulento. A lembrança de uma significativa ligação com o pai – uma especial atenção a ela, filha primogênita – foi perturbada pela inconstância da relação entre os pais. As brigas do casal levavam a mãe a se ausentar de casa por alguns períodos, deixando os filhos desavisados sobre seu paradeiro e a hora de seu retorno. O pai permaneceu em casa mesmo formando outra família em paralelo, enquanto a mãe, frágil em seu desespero, tornara a filha cúmplice da vigilância das traições do pai e de seus ganhos econômicos. Aos poucos a filha rompe com o pai, que continua, para aflição de todos, morando em casa. Muito jovem, ainda nos anos de colégio, ela começou a trabalhar para se tornar independente. Encontrou consolo e atenção junto aos avós paternos (sobretudo a avó, que faleceu um pouco antes da procura da análise comigo). O pai adoeceu no início de sua vida adulta. Ao visitá-lo no hospital, ele prometeu esclarecer-lhe "as coisas" com a esperança de restabelecerem sua relação. Mas logo, após poucos dias, ele acabou falecendo. Já nesse estágio, com vinte e poucos anos, ela se mostra ágil nos arranjos práticos do enterro, das pendências do pai, do espólio, da divisão dos bens com os meios-irmãos etc.

É nesse pequeno quadro que enxergo o desenho que se imprimia em mim ao longo dos anos. Ela me punha a par desse trânsito em silêncio num cenário tumultuado, tentando manejá-lo, evitando a queixa e o confronto com as personagens em jogo, o que se refletia no trabalho analítico. Recentemente, sua mãe adoeceu e, em função dos cuidados que seu estado exigia, a paciente a convidou a morar com ela. Uma situação que gerou um desconforto, um incômodo que ela não previa. Para minha surpresa, a paciente se queixa, um dia, para o seu avô (paterno) de sua mãe. Ela fica impactada, inconformada, com o rechaço dele, que a criticou dizendo que ela não poderia se sentir daquela forma sobre a própria mãe. Passo a relatar uma sessão de duas semanas após esse episódio. Noto de fato uma mudança, e crescente, em seu modo de reagir ao seu meio.

Atrasada para seu horário, ela chega ofegante, contém o suspiro da pressa de sua chegada, faz uma breve pausa, para logo se reportar a dois sonhos (da noite da sessão anterior) que ela qualifica de "estranhos". No primeiro, uma capa de aço (palavra que eu tive dificuldade em entender) que cobre a fileira dos dentes (os seus?) da frente, racha em vários pontos e os dentes irrompem, agressiva e lentamente, através dela. No segundo, um papel com a mesma cor de aço encobre as paredes do seu quarto, deixando descobertas as extremidades, ora em cima, antes de alcançar o teto, ora embaixo, antes de alcançar o chão, ora entre as paredes. Já a máquina de costura, que acabou de "herdar" da mãe, é inteiramente coberta por esse mesmo papel de aço (seu gabinete e até os pés e pedal). "É isso", conclui o relato dos sonhos.

Na sequência, algo inédito; ela se queixa de forma explícita – "Estou cansada de cuidar das coisas, não posso, não tenho mais condições" –, enquanto eu passo a identificar, nas cenas de seus sonhos, algo que transcende os recentes acontecimentos (pequenas reformas na casa da mãe que a paciente comanda para fins de aluguel). O corpo cresce, penso e lhe digo, irrompe pelas vestes como nas crianças quando as roupas ficam pequenas... Ela fica um instante em silêncio e logo associa: "É por isso as partes descobertas das paredes...". Esses são os indícios, no sonho, de algo que se pode designar como "crescimento psíquico", representado pelo corpo que se expande e rompe os invólucros que o contém. O peso do qual se queixa, digo a ela, não é só e apenas das coisas das quais se encarrega, mas ela toma tal conhecimento (o aperto do invólucro; as exigências de si que atribui, pela projeção, a outros) pela própria agressividade dessa sua expansão. Digo também algo sobre a boca e os dentes, por onde, na vida, "começa" o corpo.

Nesse momento, lembrei-me de outro sonho de dez dias atrás: nele, um bebê desliza do colo para o chão e, numa segunda cena, a paciente está numa situação erótica com um jovem homem, quando a mãe a chama, batendo em sua porta. Naquela ocasião, eu interpretei a busca de espaço de brincar (o deslizamento do bebê para o chão) como um desprendimento. Entretanto, o espaço de brincar de adulta (seu desejo, e sexual, com um homem) não era resguardado devido à interferência, nela mesma, das carências femininas da mãe.

A paciente, porém, volta-se para a máquina de costura que recebeu da mãe e que identifica no sonho: a máquina tem um pedal, ao modo antigo, e tem também a opção elétrica lateral. Mas logo discorre sobre a máquina de costura de sua avó paterna, sobre a qual prevê, junto a outros objetos, uma batalha entre as primas quando o avô vier a falecer. Ela me descreve, animada, a máquina de costura de sua avó, com interesse não admitido de se tornar herdeira dela. À medida que vou acompanhando a sua descrição, imagens surgem em mim, e acabo perguntando, com certo prazer, detalhes sobre a máquina de costura, surpreendendo-me com os "meus conhecimentos" nessa área. Nessa conversa verifico que sabe costurar (sabe usar a máquina, mas sem o pedal) e que pretende tecer "roupinhas" para os pequenos sobrinhos (o bebê e sua irmã com um pouco mais de um ano de vida). Logo percebo como acabo mergulhado, em meus pensamentos, em cenas próprias da máquina de costura da casa de minha infância, o mundo feminino em torno dela – tecidos, medidas e experimentações – e seus corpos. A figura central, minha mãe "de então", logo me confronta, com certo susto, com a mãe "de agora", a sua velhice e a morte "que nos espera".

Enquanto atravesso essa cadeia penosa de cenas e pensamentos, vejo com certa clareza a condensação de temas do temor da paciente com relação a seus desejos frente a doença de sua mãe e o risco de morte que ela corre. O deslocamento de seu direito de herança feminina junto à mãe para o da disputa entre as primas em volta da herança da avó, a máquina *inteiramente* coberta pelo mesmo papel de aço enquanto a mãe está viva, como se o desejo de "preparar seus próprios vestidos enquanto mulher" devesse ser adiado (o sonho evocado de sessão anterior – a interferência da mãe no envolvimento da paciente com um jovem – fala de "outra doença" da mãe, carências femininas, que adia, no terreno das identificações, a maturação do desejo da paciente). Esses pensamentos me ocuparam enquanto noto que o tempo da sessão se esgotou.

Não vejo necessidade de prolongar o relato. Entretanto, gostaria de colocar em relevo três pontos que despontaram ultimamente na maneira como a paciente se apresenta, bastante mudada, provocando em mim vivências da ordem do *imprevisto*. Uma amizade com um vizinho nesse período começa a obter certo colorido. Eles saem para conversar e beber. No dia seguinte ela acorda com certos mal-estares. Conversões sobre as quais toma consciência, o que lhe traz logo alívio e permite-lhe prosseguir com os seus dias. Ela acrescenta que a sexualidade foi sempre algo que a deixava afobada e desesperada, mas agora se sente diferente... Ela se sente, me diz, com mais tempo – intervalo – para lidar com isso.

No planejamento de suas férias com colegas, ela se recusa a assumir o papel da única mulher que faz tudo (única que dirige, cozinha etc.). Ela se queixa, se indigna, de modo nunca visto por mim, manifestando uma postura mais firme em relação aos abusos de seus próximos.

Para concluir, queria me deter rapidamente na palavra *imprevisto*: se escrevi sobre ela, é por esses imprevistos que, como relatos psicológicos, podem parecer banais. Os imprevistos, vividos como tais pelo analista, se situam, em cada análise, na cadeia dos vários "golpes", de *après-coups*, dos confrontos com o tempo, cerne da vida psíquica. Porém, aqui, refiro-me àqueles momentos em que essas surpresas nos fazem "cheirar" algo dos fins de uma análise.

Comentário de Ana Maria Trapé Trinca

Aceitar fazer comentários sobre um material clínico praticamente às cegas é sempre um enorme desafio. Não sabemos quase nada da paciente. Não sabemos nada do(a) analista. Temos em mãos um relato resumido de impressões colhidas ao longo de anos de atendimento, assim como fragmentos de sonhos, que resultaram significativos para o profissional, que ele oferece para leitura e possíveis interpretações. É tarefa curiosa, pois não temos a presença viva do analista, que permitiria ao ouvinte, numa exposição oral, captar nuances de sua expressão e de sua fala, ao transmitir em viva voz sua experiência emocional. Tampouco há a oportunidade de considerar pontos que, ainda a serem esclarecidos, ajudariam a construir pensamentos clínicos organizadores. Ficamos restritos, pois, àquilo que é delineado pelo texto configurado. No caso, temos, por felicidade, um relato redigido com sensibilidade, cuja leitura nos insere numa rica experiência emocional vivida pela dupla. Com esse material, temos de nos haver.

Mas o que, nesse texto, ressalta? Quais são os pontos significativos das dificuldades emocionais que impuseram à paciente ir em busca de ajuda? Se pouco sabemos de sua vida, as informações escassas são expressivas. Inferimos que as condições familiares de sua vida precoce não lhe ofereceram segurança básica para a constituição de uma organização mental estabilizadora. O ambiente familiar, conturbado, fez a paciente sofrer. Seus pais não se entendiam, sua mãe não suportava os embates e ia embora, desaparecia. Ela, criança, não tinha como avaliar a situação. Quem tinha razão? A mãe? O pai? Em quem acreditar ou confiar? Naqueles primórdios, uma menininha podia se aventurar a amar incondicionalmente pai ou mãe? Como lidar com os desejos edipianos, se a mãe era uma rival tão frágil? A instabilidade emocional presente fez-se constante, porque as figuras básicas de identificação se mostraram inconstantes. No vir a ser mulher, a paciente abdicou, em parte, de se identificar com a mãe, mulher frágil, desorganizada e instável. O fato de a paciente ter perdido a esperança de ser mãe é altamente sugestivo disso. Por outro lado, quanto poderia ter se sentido responsável pelos desentendimentos familiares? A cada vez que a mãe desaparecia, não haveria uma satisfação profundamente oculta, reveladora no íntimo de poder, enfim, realizar os sonhos edípicos? O quanto a jovenzinha deve ter odiado a mãe pelos sofrimentos que lhe causava e ansiava pelo seu retorno?

Tanta coisa se passava na mente da criança, frente às experiências emocionais disruptivas, constantes e conflitantes. Que condições internas a garotinha possuía para dar conta de tantos conflitos? Qual a força de vida que a sustentava? Quem a amparava em momentos de tristeza, de desesperança e de sentimentos profundos de perda da mãe, quando esta desaparecia? Depois, necessitou também abdicar do amor paterno, com quem tinha "significativa ligação", pois sucumbe às propostas maternas de retorno afetivo. Voltou-se então à mãe, contra o pai. Nesse jogo de perdas afetivas, não pôde sustentar seu relacionamento adulto, que havia constituído idealmente (idealizava que o marido lhe desse o lar e a família que não havia tido). Pelas dificuldades com as figuras significativas, tornou-se uma mulher submetida ao relacionamento instável, necessitada de amor, de sustentação emocional e financeira, à procura da família ideal.

Mas a vida continua e exige ações. E a sua ação foi assumir o papel de cuidadora e "mãe" de sua família original. Ocupou-se em cuidar, reparar e proteger os familiares, transferindo a esse grupo os cuidados que não teve. Por meio dessa atenção, tentava projetivamente cuidar de si mesma, colocando-se no lugar dos necessitados. Era, porém, uma atenção de mão única, pois não sentia o retorno afetivo que almejava como retribuição. Vivia em estado de angústia constante, e seus sentimentos de desmoronamento eram indicativos da falta de sustentação interna e da instabilidade de bons objetos internos. Tudo de que necessitava era ser amada, a fim de se sentir existente para os objetos de amor. Na frieza e no distanciamento deles, os sentimentos com tonalidade depressiva predominavam. Não conseguia se apresentar em inteireza e vivacidade por não se acreditar merecedora de reconhecimento afetivo. Tentava manter-se existente por meio de boas ações.

Ao trazer sua mãe para casa, quando esta adoeceu, teve de lidar com ambivalências de ordem afetiva: por um lado, o desejo adulto de cuidar da mãe da atualidade; por outro, o contrário, os ressentimentos antigos, os desencantos das lembranças indeléveis não suficientemente elaboradas. Emoções antigas afloraram e se interpuseram na relação direta com a mãe atual. Evocando situações antigas, a mãe atual foi transvestida na mãe de outrora. O desencanto e a aflição desencadeados por esse reencontro levaram a paciente a buscar refúgio na figura do avô paterno, com quem esperava compartilhar a angústia. Queria dele a confirmação de que sua mãe era maternalmente inadequada, como a via quando pequena, e que teria razão em considerá-la assim. A posição do avô foi um choque de realidade, já que ele se colocou como balizador de sua condição de mulher adulta, que deveria assumir seu lugar como tal, abandonando a perspectiva infantil de lidar com aquela mãe, efetivamente frágil e necessitada de cuidados. Não obtete do avô, firme representante da figura paternal, o respaldo e o apoio aos ataques contra a mãe, já que, como lei, ele se apresentou no papel de organizador e repressor dos impulsos infantis aflorados.

Seria o caso, agora, de tentar retomar a figura paterna, falando sobre o pai verdadeiro, o pai que morreu de fato antes de poder dar à paciente explicações relativas ao que se passara no passado. Supostamente, o falecimento prematuro desse pai tornou impossível à paciente ter outra versão a respeito das tragédias familiares que moldaram suas experiências emocionais. Manteve-se, assim, num vazio de conhecimento, permanecendo o não dito, que prima em propor fantasias de toda ordem. A morte do pai veio eliminar a expectativa da possível retomada dos vínculos afetuosos, bem como impedir, enfim, a paciente de perdoá-lo. Nada disso pôde se concretizar. Novamente o pai se mostrou inconfiável, não cumpriu o prometido. Morreu.

Curiosamente, o analista teve a atenção despertada pelas mudanças observadas na paciente logo após o evento com o avô e convidou a penetrar os meandros dos sonhos relatados por ela duas semanas depois. Há uma proposta, por parte do analista, de conduzir aos sonhos, levando em conta experiências que aparentemente foram de grande impacto emocional. De certo modo, durante o tempo de análise, a paciente esteve recebendo, captando e elaborando novos contornos de si mesma; nos últimos tempos, esses contornos foram se delineando mais claramente. Ela apresentou dois sonhos que se mostraram significativos. Lendo-os, percebemos sua riqueza simbólica e podemos compreender o impacto que a descrição desses sonhos causou no analista.

Buscando um entendimento da psicodinâmica da paciente com os dados de que dispomos, é possível focalizar, a partir da ordem cronológica, o sonho lembrado pelo analista, que lhe fora relatado dez dias antes, poucos dias depois do impacto que a paciente teve frente ao posicionamento de seu avô. O sonho contém duas cenas. Primeiramente, refere-se à situação de um bebê que desliza do colo para o chão. Retomando agora nosso comentário sobre a reação da paciente frente à "bronca" de seu avô, algo estava se configurando em sua mente, no sentido de ir em busca da apropriação de si mesma de modo mais efetivo. A resposta do avô pode tê-la conduzido a dar mais um passo nessa direção. O bebê que desliza do colo para o chão representa claramente o movimento de quem sente ter força suficiente para se arriscar a experiências de enfrentamento autônomo do mundo, sem estar sustentado pelo colo alheio. A expressão de um crescimento, portanto. A segunda cena desse sonho, como se fosse o segundo capítulo de uma série, mostra a paciente em situação erótica com um homem jovem, quando é interrompida pela mãe, que bate à porta. Ela, de modo adulto, não pôde se apropriar de seus desejos, pois a mãe/mulher que a habita se interpôs e interrompeu seus anseios de liberdade e realização feminina. Se o bebê quer liberdade e crescimento, há impedimentos que dizem não poder ir tão rápido assim. Um desses impedimentos diz respeito à mãe edipicamente ciumenta; outro, à mãe hostil e rejeitadora da feminilidade da filha. De novo, tem papel relevante a combinação dos fatos infantis para dar a tônica dos impedimentos ao crescimento mental.

Retomamos, então, o sonho atual, em que "uma capa de aço ... que cobre a fileira dos dentes (os seus?) da frente, racha em vários pontos e os dentes irrompem, agressiva e lentamente, através dela". Passa-se do símbolo do bebê aos dentes agressivos, que têm de estar envoltos numa capa de aço. A agressividade latente torna-se patente. Impedidos de realizar ações vitais, devem se manter contidos em sistemas extremamente rígidos, de modo a não exercer o que, por direito, lhes é atribuído: morder, rasgar e moer, permitindo a digestão e a deglutição de elementos estruturalmente complexos. Por meio de ações aparentemente agressivas, o ser humano lida com a sobrevivência. Mas também aprende como deve usar os recursos. Descobrir o que significa agressividade em todas as suas nuances, discriminando-a da destrutividade e da violência, é uma tarefa que exige muita perspicácia. Quando não há esse aprendizado, tudo pode ser confundido e reprimido pelo temor de prevalência do que é mais danoso. A capa de aço que racha traz a esperança de a paciente poder se arriscar a conhecer e a lidar com sua agressividade. O sonho da máquina de costura vem complementar e clarificar esse movimento interno de libertação, bem expresso pelo analista. As paredes cobertas de papel semelhante ao aço, que apresentam falhas, dão continuidade à compreensão dos movimentos internos de expansão e de abandono de sistemas mentais rígidos, relacionados ao passado infantil.

O prazer com que o analista interagiu, ao se introduzir em conhecimentos relativos às máquinas de costura e ao deixar-se levar por imagens que o conduziram a lembranças da infância ligadas a essa atividade, transformou-se num momento favorável da contratransferência, sugestivo de uma aproximação da paciente a objetos internos masculinos e femininos, agora mais consistentes e realistas. A máquina de costura do sonho, completamente recoberta com papel de aço, é substituída por uma máquina de costura viva e dinâmica, nas imagens compartilhadas entre analista e paciente. O que estava morto e paralisado se vivifica, mostrando a riqueza dos movimentos internos da paciente e seu caminhar para a superação dos objetos danificados, rejeitadores e hostis, que poluíam sua vida interior. A "morte que nos espera" representa, pois, tanto a morte real e inevitável que todos enfrentam como a "morte" necessária, ou a superação, dos objetos deteriorados e estragados que poluem, como "mortos-vivos", nossa vida interior.

Comentário de Alejandro Luis Viviani

Agradeço o convite para esta atividade que propõe abrir e manter um espaço de diálogo que se suporta baseado em diferenças de linhas, leituras e estilos. Sabemos das dificuldades de abordagem que criam as limitações em um texto que é produto de discursos sobrepostos, espaço, tempo, distorções e a exclusão de um sujeito que fala e escuta. Dentro dessas adversidades, tanto para os apresentadores como para os comentaristas, tento levantar algumas linhas para serem investigadas, colocar algumas hipóteses e conjecturas.

Como exemplo de uma das dificuldades, temos na terceira linha do texto um *lapsus calami*, erro de escrita, "segunda ela" que não podemos considerar um erro de digitação, pois a letra "a" e a letra "o" estão bem distantes uma da outra. Da mesma forma, na situação analítica nunca consideramos um *lapsus linguae* um erro da fala senão uma expressão do inconsciente com a qual o analisante tem de trabalhar. Assinalado isso, sobre o *lapsus* nada podemos dizer já que não há alguém que diga algo sobre ele.

Neste exercício de leitura, vou só apontar a modalidade de abordagem do discurso do relator: começa na modalidade escópica ("Vejo", "enxergo", "vejo com", "não vejo necessidade", "imprevisto") e finaliza em uma forma olfativa ("cheirar").

> *Quando iniciou o trabalho comigo, ela já havia perdido as esperanças de engravidar e de se tornar mãe. Precisava, segunda ela, retomar a terapia (pois já havia feito outra análise) pela aflição constante que a acometia unida a sentimentos de desmoronamento associados às circunstâncias da vida familiar.*

Considero tão importante saber por que alguém interrompe uma análise como também saber por que não retorna com o(a) analista anterior e qual era a temática que estava sendo tratada no momento da interrupção. Nessa mudança de analista está presente a ideia de uma separação, quiçá, uma perda.

Havia perdido as esperanças de engravidar...

Perda. Não sabemos se essa frase é uma conclusão de algumas destas alternativas: é impossível realizar o desejo de ser mãe, não deseja ser mãe, não deseja um filho, perdeu as esperanças de fazer "um pai", perdeu as esperanças na eficácia do "Nome do Pai", pois é este que introduz o desejo, inclusive, de ter um filho. Haveria outros enunciados possíveis. Pelo não dito, seriam linhas pendentes a serem aprofundadas.

> *aflição (sentimento de dor, angústia, sofrimento) constante que a acometia (surge, irrompe, de forma agressiva) unida a sentimentos de desmoronamento (cair, desabar) associados às circunstâncias da vida familiar.*
>
> *Nos primeiros anos de análise, predominava o tormento (sofrimento, angústia) devido às ambiguidades nas abordagens do ex-marido (separação?).*

Se entendemos a queixa como uma expressão de dor, de sofrimento, essa mulher, sem dúvida, se queixa desde o começo da análise.

> *Ela fora atraída pelas promessas dele de restituir o aconchego do lar, do casal...*

Neste ponto, não sabemos se a restituição que quer é em relação ao que teve com o ex-marido ou em relação ao lar da infância ou ao casal parental.

> *Aos poucos desprendeu-se desse apego, dele nela e, talvez, dela nele.*

A palavra "talvez" indica que não há certeza do desprendimento dela, da separação.

Este trecho "desconfiança quanto ao futuro da relação" e este outro "levavam a mãe a se ausentar... deixando os filhos desavisados sobre seu paradeiro e a hora de seu retorno" nos permite pressupor, retroativamente, que a desconfiança em relação ao(s) homem(ns) se apoia na incerteza que produzia a posição da mãe. Isso nos permite conjecturar que o(s) homem(ns) está(ão) para ela numa posição relacionada à posição materna.

> *suas frequentes aflições (sofrimentos) se devem ao insucesso (fracasso) de seus esforços em cuidar... em reparar o desleixo (falta de cuidado)... contam com ela ... não levam em conta as necessidades dela (quais?) ... Sua entrega e fidelidade permeiam também as suas amizades das quais, porém, não deixa de tirar proveito (não deixa de tirar proveito das amizades ou da sua entrega e fidelidade, ou da entrega, fidelidade e amizade?) ... Ela as vivia como uma sina (fatalidade, destino) à qual tem de se submeter e que só lhe resta lamentar (queixar) o infortúnio... Porém, essas situações transferiam-na, por outro lado, para um terreno de avassaladora solidão, de desespero e de temor do colapso (desmoronamento).*

Desses recortes, podemos levantar uma hipótese: o sintoma dessa mulher, do qual se queixa desde o começo, é cuidar; faz do cuidado uma entrega na qual fracassa, não deixa de tentar, insiste em preencher a falta de cuidados, cuidando e fracassando, mas tirando proveito dessa cena à qual é impelida por uma sina. Essa sina, de onde surge? Quem lhe impõe esse destino ao qual ela se submete? Lembremos que Freud já dizia, no caso Dora, que o sintoma é dedicado a alguém, que traz um benefício primário, isto é, alguma satisfação e corresponde a uma fantasia.

> *uma significativa (?) ligação com o pai – uma especial atenção (que tipo de atenção?) a ela, filha primogênita – foi perturbada pela inconstância da relação entre os pais. As brigas do casal levavam a mãe a se ausentar (abandono, separação?)... enquanto a mãe, frágil em seu desespero, tornara a filha cúmplice na vigilância das traições do pai e de seus ganhos econômicos. Aos poucos a filha rompe com o pai... Encontrou consolo (aliviar a aflição) e atenção junto aos avós paternos...*
> *O pai adoeceu no início de sua vida adulta. Ao visitá-lo no hospital, ele prometeu esclarecer-lhe "as coisas" com a esperança de restabelecerem sua relação... Recentemente sua mãe adoeceu e, em função dos cuidados que seu estado exigia, a paciente a convidou a morar com ela. Uma situação que gerou um desconforto, um incômodo que ela não previa. Para minha surpresa a paciente se queixa, um dia, para o seu avô (paterno) de sua mãe. Ela fica impactada, inconformada, com o rechaço dele, que a criticou dizendo que ela não poderia se sentir daquela forma sobre a própria mãe.*

Nesses fragmentos, encontramos o pai com quem a analisante tinha uma ligação significativa perturbada pela relação dos pais. Seria interessante aprofundar esses enunciados. A mãe se ausenta, vai e volta, e a torna sua "cúmplice na vigilância" das traições (ela também foi traída?), da sexualidade do pai e dos ganhos econômicos. Quem está vigilante está em estado de alerta, de cuidado. Não sabemos o que ela diz sobre essa situação, mas a mãe lhe atribui esse lugar, e ela o aceita. Quiçá essa cena pode ser o indício de que sua "sina" seja atribuída à mãe. Não sabemos por que, será por aliança com a mãe que rompe com o pai? O pai aparece aqui como um homem sexuado e produtivo a quem ela vigia como filha ou como mulher? O pai morre e "as coisas" nunca se esclarecem. A análise é um bom lugar para se reconciliar com o pai, reposicionar-se em relação aos significantes da sua função.

Continuando com a hipótese anterior: o incômodo, o desconforto que ela não previa, é que aquela a quem ela atribui "a sina", "cuidar", tenha de ser cuidada por ela. Reatualiza a queixa e recorre ao avô paterno. É interessante que na procura por alívio ela se encaminha para a linhagem paterna. E encontra o "rechaço"; na tentativa de liberar-se dessa "sina", fracassa. Da linhagem materna, não sabemos nada. Tampouco sabemos o nome dela.

O desespero é uma identificação com a mãe? E o sexo e os ganhos econômicos são identificações com o pai?

Entre hipótese e conjecturas (de uma histeria), estamos até aqui na versão imaginária do sintoma, metáfora que expressa alguns traços para avançar na construção da fantasia inconsciente.

Como disse, há uma relação entre sintoma e fantasia inconsciente. A fantasia inconsciente tem algumas características: define a posição do sujeito, implica uma organização libidinal, uma fixação pulsional, e realiza um desejo dentro de uma fórmula. Nessa formulação o sujeito tenta recuperar uma posição de objeto e um gozo. Ambos irrecuperáveis, perdidos em relação a outro que dava corpo ao Outro. O conceito de Outro gera um pouco de confusão. O Outro é um lugar, lugar de todos os significantes menos um que daria conta de todo o sistema, esse lugar é ocupado originalmente pela "mãe", de onde vêm os significantes que permitem constituir, no psiquismo da criança, esse outro lugar que é o inconsciente.

Portanto, dizer que o inconsciente é o discurso do Outro quer dizer que o Outro é o inconsciente em que o sujeito se constitui e emite seu discurso. Na fantasia, o sujeito atribui ao outro uma demanda e um desejo para responder. Do discurso familiar surge um romance que o sujeito cria para si. O preço de ser objeto o exila como sujeito. Essa formulação, da qual o sujeito nada sabe, está em conflito com a defesa que se opõe à sua realização. Desse conflito surge uma formação substitutiva que é o sintoma, condensação ou metáfora que, na medida em que responde às duas exigências, comporta sofrimento e prazer. Em "Batem numa criança" (1919), Freud deixa claro tanto os componentes da fantasia inconsciente como a impossibilidade de interpretá-la, mas sublinha a necessidade de construí-la. A fantasia inconsciente faz parte do saber inconsciente, saber que o sujeito não sabe, mas que a análise permite desvendar, revelar pelos traços encontrados no interdito de lapsos, chistes, sonhos, sintomas, enfim, na associação livre. Como sabemos a teoria psicanalítica é uma teoria da clínica.

Esse cuidar, do qual a analisante "não deixa de tirar proveito", expressa um gozo do sintoma. Dizemos que essa mulher cuida, fracassa, tira proveito em um movimento repetitivo em que o que repete é o fracasso de cuidar. Isso nos indica a diferença entre o que quer repetir e o que repete. O que quer repetir não sabemos, pois seria necessário seguir as linhas que nos permitissem construir essa fantasia, onde se enunciaria o que quer repetir.

Ela as vivia como uma sina (fatalidade, destino) à qual tem de se submeter e que só lhe resta lamentar (queixar) o infortúnio... Porém, essas situações transferiam-na, por outro lado, para um terreno de avassaladora solidão, de desespero e de temor do colapso (desmoronamento).

A submissão e o sacrifício a essa "sina" lhe permitem um lugar onde ela se define e é reconhecida pelos outros, lugar de infelicidade, apesar do gozo que tira dele. Por que isso a desloca para a solidão, o desespero e o temor do colapso?

Nessa trama se apresenta a angústia como a expressão mais real dessa formulação imaginária. Continuar com esse sintoma a levaria a anular-se subjetivamente, perder-se na ilusão de reencontrar um gozo impossível, angústia como sinal de perigo, desespero, desmoronamento subjetivo. Curar-se do sintoma, sair da "sina" de submissão ao outro implica separação e perda em relação à "sina", atualização da angústia de castração, desmoronamento da cena e a consequente solidão com seu desejo. Aparente e falsa aporia.

Essa fantasia inconsciente, da qual nada sabemos, está presente desde o começo da análise, amarrada ao sintoma. O trabalho associativo é o que nos permite avançar nessa linha.

evitando a queixa e o confronto com as personagens em jogo, o que se refletia no trabalho analítico.

Como já disse, ela se queixa desde o começo e o tempo todo. O que não fica claro é como essa posição apontada pelo analista se refletia no trabalho analítico. Se essa leitura do analista permitisse situar uma posição transferencial, seria muito importante, pois aí seria possível estabelecer o diagnóstico.

se reportar a dois sonhos (da noite da sessão anterior) (do que falava nessa sessão? No primeiro sonho há a capa de aço. Qual a dificuldade de entender? O analista perguntou?) . . . que cobre a fileira dos dentes (os seus?) da frente (quem pergunta?) . . . agressiva (presença da pulsão oral e agressiva) . . . um papel com a mesma cor de aço encobre as paredes do seu quarto, deixando descobertas as extremidades . . . a máquina de costura, que acabou de "herdar" da mãe, é inteiramente coberta por esse mesmo papel de aço (o segundo sonho é diferente).

Nesse trecho, com "um papel com a mesma cor de aço" e "mesmo papel de aço", o que a analisante poderia associar com esta diferença?

A analisante faz uma associação: "Estou cansada de cuidar das coisas, não posso, não tenho mais condições". Essa "queixa" pode supor-se ligada à herança materna, ou seja, o desespero, o cuidar, "a sina", ao "papel de parede", que enfeita ou protege ou cuida da parede, mas não é suficiente, ou ao "papel", no sentido de representação de uma personagem?

Nas associações do analista não fica clara a relação com acontecimentos anteriores, tampouco o que ele designa como "crescimento psíquico".

Quando o analista intervém e ela associa "por isso as partes descobertas das paredes", é uma confirmação ou uma resposta transferencial sintomática na linha do cuidar?

O analista lembra outro sonho em que: "nele, um bebê desliza do colo para o chão". Esse bebê representa a analisante com a mãe, ela mãe com o bebê que desejaria ter? O que representa? Quais foram as associações da analisante?

O analista continua associando até com as carências (quais?) femininas da mãe.

Continua: "A paciente, porém, volta-se para a máquina de costura". Por que o analista escreve "porém"? A palavra "porém" indica uma oposição ou restrição ao que o analista disse antes. Ela faz outra associação em que aparece o antigo e a opção moderna, a batalha entre mulheres e outra herança, diferente daquela da mãe, a da avó paterna da qual só sabemos que, com ela, encontrou "consolo e atenção" e que faleceu. Campo propício para tomar essas linhas e continuar o trabalho associativo, também, com o resto dos elementos do sonho.

"Nessa conversa verifico que sabe costurar (sabe usar a máquina, mas sem o pedal) e que pretende tecer 'roupinhas'." Que conversa? Ela sabe: sabe costurar de forma moderna e também sabe tecer. Prossegue: "e que pretende tecer 'roupinhas' para os pequenos sobrinhos (o bebê e sua irmã com um pouco mais de um ano de vida)". Ela introduz algo diferente: o tecer. Tecer para os pequenos, o bebê e a irmã dele. Por que importa tanto para ela o bebê e a irmã dele?

Na descrição da máquina da avó, o analista "mergulhado" em seus pensamentos deixa de escutar o que ela diz sobre o investimento libidinal nas crianças e na vida. O analista se perde em seu prazer e em seu temor a respeito da velhice e da morte. O passar do tempo e "o tempo da sessão se esgotou".

Freud formula que o sonho se utiliza do duplo sentido das palavras, o analisante tem de associar com cada parte do sonho, o analista tem de mostrar só o que lhe é mostrado. Lacan, seguindo a Freud, reafirma que o sintoma fala na sessão, Isso fala, o sonho situa o problema do enigma do desejo, o mesmo cujo sintoma funciona como máscara. Isso fala no inconsciente, no Outro, lugar da palavra. O analista escuta (atenção flutuante, neutralidade) o Isso que fala "livremente", um discurso. Um emissor e um receptor que devolve a mensagem. Quando o analista é tomado por pensamentos sobre si mesmo, nesse momento, sai do discurso analítico.

Dentro do "imprevisto" encontramos as "conversões": de que se trata?

"Ela se queixa, se indigna, de modo nunca visto por mim, manifestado uma postura mais firme em relação aos abusos de seus próximos." Ela se queixa do abuso dos outros e também se queixa do proveito que ela tira? Deixou de tirar proveito?

Não sabemos o que significa "'cheirar' algo dos fins de uma análise". O que o analista entende por fins de uma análise?

A trama começou a ser tecida, algumas linhas lançadas para continuar a trama e, posteriormente, poder cortar e costurar fios e cadeias significantes. Estamos no começo de uma análise, no caminho que vai do sintoma do qual o analisante tem de se curar ao "sinthoma", Nome do Pai, do qual ninguém tem de se curar. Costurando o corpo, a pulsão e o desejo à lei, pode-se articular a letra do gozo.

Caso 3: História de um homem só[1]

Apresentação – Maria Laurinda Ribeiro de Souza
Comentadores – Octavio Souza e Elisa Maria de Ulhôa Cintra

Apresentação de Maria Laurinda Ribeiro de Souza

> *Todo homem terá talvez sentido essa espécie de pesar, se não terror, ao ver como o mundo e sua história se mostram enredados num inelutável movimento que se amplia sempre mais e que parece modificar, para fins cada vez mais grosseiros, apenas suas manifestações visíveis. Esse mundo visível é o que é, e nossa ação sobre ele não poderá nunca transformá-lo em outro. Sonhamos então, nostálgicos, com um universo em que o homem, em vez de agir com tanta fúria sobre a aparência visível, se dedicasse a desfazer-se dessa aparência, não somente recusando qualquer ação sobre ela, mas desnudando-se o bastante para descobrir esse lugar secreto, dentro de*

---
[1] Publicado originalmente em *Percurso*, 60, jun. 2018.

nós mesmos, a partir do qual seria possível uma aventura humana de todo diferente (Genet, 2003).

Tinha cerca de 50 anos quando o vi pela primeira vez. Contou-me, nesse encontro, a história final de uma análise anterior: "Falei tantas vezes em suicídio que, um dia, a analista fez uma receita e me entregou. Era uma fórmula para efetivar o suicídio".

Deixou-me instigada com o que teria acontecido para que a analista fosse induzida a essa passagem ao ato (se de fato o foi). De qualquer forma, há desde o início uma ameaça e uma referência ao desejo de morte – dele e dos outros.

No segundo encontro perguntou-me o que pensava sobre a homossexualidade. Queria garantias de que poderia ouvi-lo. Estava em crise com uma relação que mantinha há cerca de seis anos. Não sentia mais atração pelo companheiro, e o silêncio se instalara entre eles. O companheiro se queixa desse silêncio e ele também, mas não conseguem falar do que acontece.

Logo depois do início dessa análise, ele se separa. Já antes do término, empreendia uma busca compulsiva por companheiros. Esses parceiros, em verdade, eram apenas corpos com os quais tentava encontrar satisfação imediata e, segundo penso, uma forma de não se haver com o vazio provocado por essa separação. Cria-se um círculo repetitivo: procura por companheiros, exposição a situações de risco, temor da contaminação, avaliações médicas, novas relações, novos riscos...

O término efetivo da relação se dá quando o companheiro chega com a notícia de que comprara um apartamento. Projeto pensado pelos dois, ele se surpreende com o gesto do companheiro e com a exclusão. Isso lhe confirma a impossibilidade de manterem a relação. A falta de interesse sexual é determinante; nada mais conta da história que mantiveram.

Um tempo depois, esse companheiro estabelece outra relação, mas nunca deixa de se preocupar com ele e de se fazer presente sempre que surgem dificuldades em sua vida. De fato, é a única referência de um relacionamento significativo que se manteve nos oito anos de análise.

Seu sofrimento com a solidão e com a impossibilidade de construir amizades é agudo. O pânico de envelhecer sozinho está sempre presente. As pessoas com quem convive no trabalho ou fora dele "estão sempre comprometidas com outras coisas, com outras atividades, já têm família constituída e, portanto, não teriam interesse em sair com ele".

As muitas vezes em que tento instigá-lo a me falar de seu cotidiano, das pessoas com quem convive e do que se passa nessas ocasiões terminam sempre com uma irritação de sua parte. Ele parece só querer a confirmação de que não há lugar para ele e de que ele não sabe qual a sua deficiência: ora é porque não é bonito o suficiente, ora é pela cor de sua pele, ora é porque as pessoas têm inveja do seu conhecimento... Se lhe digo que não se trata necessariamente de algo errado nele, mas, antes, que é uma construção antiga, de sua infância, em função de uma avaliação equivocada dos pais de que havia algo errado com ele e com seu comportamento sexual, e que precisavam afastá-lo de casa por conta disso, o interesse que isso produz nele logo se dissipa. Profissional competente, convidado para palestras e participação em congressos, sofre para responder aos pedidos, mas, se não é convidado, sofre ainda mais agudamente pela exclusão.

Minha compreensão é de que há uma reatualização constante de uma cena infantil da qual nada pode ser alterado ou relativizado; estamos frente a frente com uma cripta. Muitas vezes falamos sobre essa experiência e os efeitos que se disseminaram em outras vivências posteriores. A princípio, ele resistiu muito a qualquer interpretação; depois, insistia numa fala de que de nada lhe adiantava falar sobre isso.

O ataque que sentia em seu cotidiano era atualizado na análise: não servia para nada, só vinha falar comigo porque eu era a única pessoa com quem ele podia contar, continuava num estado de solidão insuportável. A agressão à análise era vivida também em outras situações e nas cenas fantasiadas muito semelhantes às do filme *Um dia de fúria*. Imaginava, por exemplo, ter um carro que se abria em lâminas que matariam todos os que o atrapalhavam no trânsito e que poderia destruir qualquer um que o desconsiderasse... Às vezes, a fúria assassina se manifestava num discurso cru e intimador: "Nada é leve para mim. Minhas fantasias são de esquartejar, matar, dar tiros, destruir...". O ódio surgia em estado bruto como resposta a qualquer gesto ou palavra que ele entendesse como "rejeição"; não havia outras formas de representação ou simbolizações possíveis.

Muitas vezes pensei em interromper o atendimento vislumbrando o risco de estabelecermos um par sadomasoquista na análise, mas não o fiz. Talvez por entender que havia uma provocação à exclusão que eu não queria atuar. Talvez porque, apesar das ameaças, ele, de fato, não atuava essa agressão. E, ao lado delas, também havia um pedido insistente e infantil de que eu o ajudasse a entender o que ele não entendia. Interessava-se pela literatura, pela poesia, pelo cinema, mas tudo era relatado literalmente e com uma queixa de não entendimento.

Uma mudança aconteceu na análise quando começou a sonhar. A princípio, a fala era a mesma: eram coisas incompreensíveis sem sentido nenhum. Minha intervenção foi no sentido de reconhecer que algo novo acontecia: ele estava sonhando. Talvez tenha sido meu reconhecimento que fez que ele fosse me contando seus sonhos e se interessasse pelo que eu poderia lhe dizer a respeito.

Esta análise se aproxima, para mim, daquilo que Giacometti fazia com seus trabalhos. Impressionou-me o relato de que era capaz de produzir várias esculturas que destruía no dia seguinte. E recomeçava, recomeçava, numa tentativa de encontrar uma essência do humano, impossível de alcançar.

João de Barro, esse é o nome pelo qual posso representá-lo,[2] nasceu numa pequena cidade do interior do país. Seu pai era proprietário de um pequeno negócio na cidade e conhecido por todos. Era muito reservado no contato com os filhos, mas especialmente com ele. Filho mais velho, ainda criança foi surpreendido em jogos sexuais com os amigos. Isso provocou cenas de humilhação e críticas na família. Logo em seguida, foi mandado para a casa de parentes, com o argumento de que era um menino inteligente e que, em outra cidade, mais desenvolvida, teria melhores condições de estudo. Essas duas cenas não encontram conexão psíquica. Ele investe no desenvolvimento acadêmico toda sua energia. Torna-se um menino solitário e com muitas dificuldades em se relacionar. Faz um esforço constante para se destacar intelectualmente.

No estudo secundário, aproxima-se de dois meninos que eram discriminados sexualmente na escola, e o diretor o orienta a não manter essa proximidade. Novamente a segregação, que ele entende como resultado de uma possível escolha sexual, o atemoriza e o faz permanecer mais isolado.

---

2 O joão-de-barro é um pássaro nativo de Argentina, Bolívia, Brasil, Paraguai e Uruguai. Passa o ano construindo casas – às vezes, mais de uma ao mesmo tempo –, as quais abandona ou é expulso por outros animais ou pássaros, como o pardal, que se apropria do ninho para criar sua ninhada. Os filhotes, pouco depois do nascimento, já apresentam comportamento defensivo, silvando como cobras e atacando intrusos com os bicos abertos, mas sem qualquer pontaria efetiva.

Após a graduação vem para São Paulo continuar sua formação. Cientista, pesquisador, mantém o isolamento na profissão escolhida. Ele me diz que pensou em fazer administração, mas isso não lhe parecia muito promissor. No entanto, não chegou a abandonar essa ideia, que permaneceu como uma forma de ligação aos negócios da família, como tentativa de se ver reconhecido pelos pais. Nos últimos anos fez um movimento de retomar essa escolha e empreendeu vários cursos de especialização nessa área.

A exclusão da casa dos pais foi bastante marcante. Quando voltou para a casa, seus objetos pessoais não estavam mais lá. Momento tocante em que ele me fala dessa paixão, das cenas que via nos filmes de acetato que colecionava. *Cine Paradiso* marca presença em minha lembrança, mas ele não tem como objeto interno construído a figura do projetor de filmes que se encantava com a presença do menino. Falo com ele sobre o filme, que desconhece. Mas as sessões começam a incluir relatos literários e fragmentos de filmes e peças de teatro. Fala dos textos da mesma forma que me fala de alguns fragmentos de sonhos de que consegue recordar: "Não consigo entender, é tudo sem sentido, não sei interpretar...". Procura peças e filmes que tratam da questão *gay* e tenta encontrar reconhecimentos.

Um fragmento de sonho: está numa fila e alguém comenta que ela é só para *gays*. Ele se inquieta. No dia seguinte o sonho se repete com modificações: há várias pessoas, e vai ser organizada uma fila. Ele pede que seja colocado na fila dos *gays*. A fala surge como uma brincadeira – algo extremamente raro em seus relatos.

Apesar das diferenças que iam surgindo em sua fala sobre os lugares familiares, logo se seguia uma racionalização de que onde moravam as coisas eram assim mesmo; não havia proximidades ou conversas. Qualquer intervenção minha no sentido de reconhecer a exclusão e a injustiça era escutada e abandonada sem que surtisse efeito duradouro.

Após a doença e morte do pai, que ele acompanhou, começou a construir o desejo de retornar para a terra natal. Seu argumento era de que precisava ajudar a mãe a cuidar dos negócios da família que também eram dele. Tinha a ilusão de que poderia ter mais reconhecimento profissional lá do que em São Paulo. Vou lhe dizendo que esse era um desejo antigo: retornar à casa dos pais e ser reconhecido com todos os seus direitos.

Foi uma mudança difícil. Não encontrou o que esperava. Não se sentiu reconhecido como imaginava nos locais em que foi trabalhar e, em casa, meteu-se numa disputa familiar com os irmãos que o manteve isolado de todos os laços possíveis. Descobriu uma herança mal distribuída, em que ele praticamente era deserdado. Apesar disso, a ligação com a mãe se mantém intocável. Ela se interessa por ele, mas nunca assumiu a injustiça cometida.

A análise continuou por Skype. Esporadicamente em presença, quando ele vinha para São Paulo. Num dos encontros presenciais, um momento especial: ele se emociona quando, após um comentário seu sobre a possibilidade de ter vindo, eu lhe digo que há uma diferença significativa entre poder estar de corpo presente ou não.

Na terra natal as dificuldades nos contatos continuam. No trabalho sente-se injustiçado por considerar que tem uma formação muito melhor e não encontrar o lugar que esperava. Desconsidera sua própria rivalidade e, na certeza de exclusão, cria situações que lhe confirmam o fantasma.

Na vida amorosa estabelece relações com jovens desprotegidos e em situações de risco que não têm possibilidade de continuidade. Mas ele os protege e incentiva a estudar, cuidando deles como gostaria de ser cuidado. Por um tempo. Depois perde o interesse e se afasta. São histórias que mantém em segredo, apesar de garantir que não tem nenhum problema com sua escolha sexual, que só lastima não ter podido viver isso antes. Muitas vezes, sente-se ameaçado e perseguido justamente por essas escolhas.

Seu interesse desaparece quando o companheiro lhe conta sobre outras estórias de relacionamento. Perde o tesão. Surpreendo-me quando o ouço perguntar: "Por que será?". Responde: "Quero ser especial; se não for assim, não quero nada". Momentos de calmaria em que o ódio não é o primeiro afeto a fazer presença. Mas ele logo reaparece em muitas outras cenas: "neguinho filho da puta, passou por cima de mim", "veadinho de merda, quem pensa que é", "por mim, matava todos os bandidos, punha num paredão e eliminava". Porém, há uma diferença: começa a reconhecer o peso do ódio e dos enredos assassinos que fantasia: "Não sei ser diferente; queria ser como a música: o barquinho vai, o barquinho vem". Há um tom de deboche, mas há, também, um pedido dirigido a mim sobre o que fazer com esse ódio. Ódio que sempre entendi como espinha dorsal desta análise.

Nos últimos tempos conseguiu uma mobilidade maior – organizou-se para fazer as viagens sempre sonhadas e nunca realizadas. Aventurou-se a conhecer outras terras. Iniciou um movimento de poder sair e voltar. Um sonho anuncia esse movimento. Está com alguém, talvez o companheiro citado no início deste relato, caminhando. Uma pessoa à frente dirige o caminho que vai ficando estranho, perigoso. Ele decide não continuar. Para e diz que não vai prosseguir.

Peço associações. Responde o de sempre: não sabe o que significa, os sonhos são sem sentido... Espero. Ele continua: "Acho que tem a importância de poder dizer não. A gente pensa que é fraqueza dizer não". E me fala de várias situações em que não disse não; cenas em que isso era impensável para ele, cenas em que tinha medo de ser excluído... Um não que, assim como as perguntas que esporadicamente faz sobre si, me surpreende.

    Sem se despedir, deixou a análise. Pode ser que volte...

Ao escolher o título desta apresentação, percebi seu duplo sentido: um homem que perpetua sua solidão e também um homem que, mesmo na análise, apesar de acompanhado, permanece só. De fato, talvez o que tenha ocorrido seja mesmo da ordem do acompanhamento. Foi o possível.

Referência

Genet, J. (2003). *O ateliê de Giacometti*. São Paulo: Cosac & Naify.

Comentário de Octavio Souza

Ao término do relato do caso de João de Barro, a analista – não conhecendo sua identidade, escolho tratá-la no feminino – pergunta se o que aconteceu não teria sido mais da ordem de um acompanhamento que de uma análise. Por mais que a pergunta permaneça no ar, devo responder dizendo que há, certamente, um tom de análise que percorre todo o relato e que deixa sua assinatura numa observação final: "Sem se despedir, deixou a análise. Pode ser que volte...". Esse "pode ser que volte" é muito importante: traduz o desejo da analista de continuar, de persistir. Se o tratamento de João de Barro se revelou ao fim, quem sabe, apenas um acompanhamento, foi, certamente, o de uma analista que persistia no desejo de transformar o acompanhamento em análise. O que transforma um acompanhamento em análise? Que transformação deixou de acontecer e faz a analista desejar que ele volte?

Com o conceito de cripta de Abraham e Torok, a analista busca balizas para a compreensão das dificuldades que seu analisando encontra para simbolizar o núcleo traumático do seu sofrimento. Para os autores, o reencontro do sujeito consigo mesmo se dá no reconhecimento da poesia contida na palavra que endereça ao outro. Esse outro, eventualmente, pode vir a ser o analista. Mas observam:

> *quantos percalços nesse caminho! Será que o analista tem orelhas para todos os "poemas"? para todos os "poetas"? Seguramente não. Mas aqueles dos quais ele falhou em escutar a mensagem, aqueles dos quais ele tantas vezes escutou o texto mutilado, lacunar, as charadas sem pistas, aqueles que o deixaram sem lhe ter revelado a obra emblemática de suas vidas, esses, sempre retornam, fantasmas [fantômes] de seus destinos não realizados, assombração de suas próprias lacunas (Abraham e Torok, 1976, p. 295-296)*[3].

Pode ser que ele volte. Volte para fazer escutar e lavrar sua poesia fora da cripta. O que atormenta a psicanalista é o tormento do analisando, enterrado, sem sepultura legal, numa cripta. No interior da cripta a analista vislumbra alguns contornos. João de Barro, ainda criança, "foi surpreendido em jogos sexuais com os amigos. Isso provocou cenas de humilhação e críticas na família. Logo em seguida, foi mandado para a casa de parentes, com o argumento de que era um menino inteligente e que, em outra cidade, mais desenvolvida, teria melhores condições de estudo". Essas duas cenas, observa a autora, não encontram conexão psíquica.

---

3 Abraham, N. & Torok, M. (1976). *L'écorce et le noyau*. Paris: Aubier-Flammarion.

Para Abraham e Torok (1976), a vergonha da humilhação captura as palavras de um acontecimento idílico da vida do desejo, impedindo que seu recalcamento siga a via dinâmica do retorno simbolizante do recalcado. Ao analista, cabe desenvolver sua sensibilidade para a escuta das palavras encriptadas que insistem em se fazer ouvir pela via do retorno dos fantasmas em sua desolação melancólica, seus enredos masoquistas, suas roupagens fetichistas, suas feridas psicossomáticas.

A noção de cripta enriquece a clínica com uma imensa gama de aspectos sobre os destinos mais graves de processos defensivos que atingem a própria função simbolizante do deslocamento no inconsciente. Sua imensa importância não está em questão no que segue. Apenas me proponho comunicar algumas associações feitas com base em uma rotação nas referências clínicas e teóricas, de modo a realçar alguns aspectos da relação entre transferência e contratransferência que a situação analítica, como nos é apresentada, deixa entrever. A ideia de cripta remete a uma topologia na qual o sujeito se encontra intrapsiquicamente enclausurado em um espaço clivado, que o analista, de fora, busca sintonizar e reconhecer, mas sem ser sugado centripetamente pelos efeitos contratransferenciais do turbilhão emocional encriptado.

João de Barro começa se queixando de sua solidão, do medo de envelhecer sozinho: "Ele parece só querer a confirmação de que não há lugar para ele e de que ele não sabe qual a sua deficiência". A analista responde, dizendo que não se trata necessariamente de algo de errado com ele, mas de um sentimento que se repete em função do preconceito dos pais com sua sexualidade. Essa interpretação desperta um pequeno interesse que prontamente se dissipa. Na sucessão do relato, o analisando passa a atuar na transferência os ataques de que se ressentia na realidade de sua vida. Passa também a ter fantasias generalizadas de agressão, em fúria assassina contra todos os que o discriminavam. A analista, por seu lado, começa a ter pensamentos de interromper a análise para evitar uma relação sadomasoquista, o que avisadamente não faz por perceber a qualidade contratransferencial desses pensamentos, que seriam uma resposta a uma "provocação à exclusão". Observa também, em exame acurado de seu estado de espírito, que outro fator que talvez tenha pesado em sua opção por não interromper a análise teria sido a constatação de que João de Barro, apesar das ameaças, não chegava a atuar as agressões. Esse fator, diga-se de passagem, traz consigo uma significação crucial, que é abordada mais adiante. Por fim, observa que, ao lado das agressões, havia também um pedido infantil de ajuda a compreender o que não conseguia entender.

Esse momento da situação analítica me parece crucial. Foi a partir do que ali aconteceu que a análise pôde se tornar palco das significativas transformações que sucederam. Por um lado, fica claro que o turbilhão emocional que enredava analista e analisando necessitava, para sua elaboração, de algo mais que a interpretação reconstrutiva do fator traumático da cena de exclusão da casa paterna após a descoberta dos jogos sexuais. Alguma coisa de outra ordem precisava acontecer e que dizia respeito à regulação da qualidade das respostas da analista aos ditos e agitos de seu analisando. As atuações transferenciais de João de Barro certamente guardavam em si um valor de interpretação da contratransferência do analista. A meu ver, a psicanalista acolhe essa interpretação ao escutar, nessas atuações, um pedido infantil de compreensão. Isso não pode ter deixado de ser acompanhado por certo enternecimento em sua postura, o que, por sua vez, permitiu que logo a seguir o analisando começasse a sonhar.

Por outro lado, esse turbilhão transferencial-contratransferencial deixou restos, restos que vieram a se constituir em enclaves não analisados que contribuíram para a posterior interrupção abrupta da análise. Identifico vestígios desse enclave na escolha do nome do analisando, João de Barro. Trata-se de um pássaro, observa a autora, que é expulso ou abandona os ninhos que constrói. Efetivamente, João de Barro foi, por uma primeira vez, expulso realmente da casa dos pais e, depois, em análise, essa expulsão se repete nos pensamentos contratransferenciais da analista, que pensa interromper a análise. Em resposta às expulsões, também abandonou, por duas vezes, o ninho que construía com sua analista. Na primeira, quando retorna à casa paterna e prossegue sua análise por Skype. A esse respeito, vale ressaltar uma posterior sessão presencial fortuita, na qual o analisando reconhece, emocionado, que a qualidade dos dois tipos de encontro, em presença ou via Skype, não podem ser comparadas. Na segunda, quando, ao final, interrompe a análise sem se despedir.

Sobre o primeiro abandono, a analista não chega a dizer como foi trabalhada em análise a decisão do retorno à casa paterna. Talvez João de Barro tenha se ressentido intimamente por sua analista não se opor mais vigorosamente a seu afastamento. Talvez tenha fantasiado que lhe era indiferente ou que até mesmo o desejasse. Tanto é assim que, logo após esse primeiro abandono, já de volta à terra natal, observa, a respeito das relações amorosas que tenta estabelecer, mas que logo em seguida abandona: "quero ser especial, se não for assim, não quero nada".

O segundo abandono foi anunciado pelo sonho que, no relato, antecede a interrupção final: "Está com alguém ... caminhando. Uma pessoa à frente dirige o caminho que vai ficando estranho, perigoso. Ele decide não continuar. Para e diz que não vai prosseguir". Quem poderia ser esse alguém? Sua analista? Na análise o sonho foi interpretado por João de Barro na perspectiva da importância de poder dizer não. Associa com diversas ocasiões em que, para ele, era impensável dizer não, por medo de ser excluído.

Se a analista tivesse interpretado a ponta transferencial do sonho, talvez a subsequente interrupção do tratamento pudesse ter sido evitada. Talvez, também, ele só possa ter dito não para a analista por ter obtido a convicção interna de que não seria excluído e que ela ficaria esperando por ele... Pode ser que ele volte... Talvez ele não tenha ido embora tão só assim.

Há ainda outro aspecto das questões presentes na análise que a perspectiva contratransferencial da escolha do nome de João de Barro torna visível. Os filhotes desse pássaro, reza a descrição transcrita pela autora, "pouco depois do nascimento, já apresentam comportamento defensivo, silvando como cobras e atacando intrusos com os bicos abertos, mas sem qualquer pontaria efetiva". João de Barro ladra, mas não morde. Foi até mesmo a percepção dessa espécie de fraqueza, "apesar das ameaças, ele, de fato, não atuava essa agressão", que deu tranquilidade à analista para prosseguir o tratamento em momentos que sofria ataques do analisando. Falo em fraqueza porque me parece que essa inibição da agressividade não tem o valor de uma efetiva inibição, não é fruto de qualquer função continente adquirida por João de Barro ao longo do seu desenvolvimento emocional.

Julgo que esse fator de agressividade impotente e sem alvo conjuga o principal do sofrimento psíquico que está no cerne da análise de João de Barro. Tudo gira em torno das consequências das falhas do narcisismo primário para o posicionamento do sujeito face as situações rivalitárias. Ao longo de todo o seu relato, a analista faz preciosas observações a esse respeito.

João de Barro começa a expressar, em análise, seu desejo de retorno à casa paterna. Relembra a exclusão de casa. Quando, por uma vez, retornou, seus objetos já não estavam mais lá. Lembra-se de sua coleção de filmes de acetato que adorava. Analista e analisando ficam tocados enquanto conversam sobre a paixão do analisando pelos filmes que relembra. A analista menciona *Cine Paradiso*, que João de Barro não conhece. A analista conta o filme ao mesmo tempo que, acertadamente, pensa: "ele não tem como objeto interno construído a figura do projetor de filmes que se encantava com a presença do menino". Depois dessa conversa, começam a aparecer em análise relatos literários e de fragmentos de filmes. João de Barro começava a ter em sua analista uma projetora de filmes que se encanta com sua presença. Essa posição da analista como projetora de filmes encantada com João de Barro é tão ou mais importante que a da analista procurando estabelecer conexões entre os fragmentos dos filmes e as memórias encriptadas da história traumática de um sujeito que se queixa de nada entender. É claro que as duas posições não se excluem e podem se superpor. Mas é fundamental que o analista tenha consciência da relevância de seu papel como outro do sujeito numa dimensão narcísica, não interpretativa.

A consideração da dimensão narcísica da relação analista-analisando é crucial para a modulação do tipo de intervenção do analista em várias situações de fracasso dos processos de simbolização e, particularmente, em situações de rivalidade intrusiva, como as trazidas por João de Barro. Muito apropriadamente, a analista observa que João de Barro, já de volta à terra natal, ao sentir-se injustiçado em seu ambiente de trabalho "desconsidera sua própria rivalidade e, na certeza de exclusão, cria situações que lhe confirmam o fantasma". A esse respeito, teria a dizer, de forma sucinta, que João de Barro desconsiderava sua rivalidade porque até então não havia conseguido entrar em nenhuma relação efetivamente rivalitária. Para isso lhe faltava estofo narcísico. O início do processo de aquisição desse estofo foi, certamente, o que mais contou para João de Barro ao longo de toda a sua análise. Para tanto, foi fundamental a ele o enternecimento de sua analista com seu pedido infantil de compreensão, assim como o encantamento de sua analista-projetora de filmes com sua presença. No que diz respeito às situações rivalitárias de intrusão que trazia para as sessões, foram de grande alento as ocasiões em que sua analista pôde fazer as vezes do auxiliar do boxeador, o "segundo" que o acolhe no canto do ringue após cada *round*, que cuida de seus machucados, que ajuda a entender o adversário, que aconselha sobre como fazer para vencer a luta. Não é de tão grande ajuda, nesses momentos, trabalhar no sentido de atravessar fantasias para se dar conta de que as situações de exclusão, intrusão e rivalidade vividas não são mais que repetições de cenas traumáticas não simbolizadas. Muito de uma análise se decide também nas provas da vida. Com um "segundo" a seu lado, se ele voltar, pode vir a continuar em seu caminho para sentir e pensar que não está só.

Comentário de Elisa Maria de Ulhôa Cintra

O paciente relata, na primeira consulta, a história final de uma análise anterior. Que histórias terá contado? Essas primeiras comunicações são, a meu ver, importantes, ainda mais quando dizem respeito à *história final da análise anterior*, pois são comunicações ligadas a temores e expectativas ligados à nova situação analítica. A autora do relato escolhe mencionar a seguinte frase do paciente: "Falei tantas vezes em suicídio que, um dia, a (antiga) analista fez uma receita e me entregou. Era uma fórmula para efetivar o suicídio".

Ao ler essas palavras pela primeira vez, "ouvi" o seguinte: "Era uma fórmula para *evitar* o suicídio". Considerando a falha de minha leitura, pensei que tanto uma fórmula para *efetivar* como para *evitar* o suicídio seriam atuações do analista, maneiras de estar excessivamente *implicado* ou excessivamente *alienado* do conflito desse homem, sem conseguir manter uma atitude de verdadeira empatia e de uma relativa distância ou reserva que permitisse *pensar* sobre os muitos significados dessa comunicação. O paciente comunica ter falado *tantas* vezes em suicídio. Ouve-se quase um cansaço nessa formulação. Cansaço de sua repetição? Da ameaça de algo que nunca chega a se concretizar? Impaciência consigo? A reação curiosa da analista parece revelar isso mesmo: uma reação de impaciência. Muitas perguntas se abrem a respeito do que poderia ter acontecido entre eles, ligado a um assunto *tão* radical – o desejo de se matar – e que é, ao mesmo tempo, apresentado de uma forma *tão* trivializada.

Ao tecer meus comentários sobre o caso, fui me lembrando de psicanalistas que poderiam vir em nosso auxílio para pensar e fui assinalando algumas referências bibliográficas, caso se deseje pesquisar mais.

No relato dessa primeira sessão, a analista acrescenta: "De qualquer forma, há desde o início uma ameaça e uma referência ao desejo de morte – dele e dos outros". Isso ressoou em mim como um comentário distante, quase alienado da dor ali expressa, embora seja muito difícil saber se havia transmissão de dor ou se o estado de alienação já não estava presente no paciente. Lendo o relato, pareceu-me que entre os dois se instalou uma transferência paradoxal (Anzieu, 1975; Roussillon, 1999, 2006, 2012). Nesse caso, ou o analista fica muito ansioso para tirar a pessoa do sofrimento, ou, de forma paradoxal, se vê ignorando a dor ali evocada; ambas são atitudes defensivas perante uma angústia muito intensa.

A continuação do relato revela um paciente que se apresenta de um jeito a tornar-se sempre um pouco desagradável, agindo como se evocasse no outro o desejo de expulsá-lo. A analista diz: "Muitas vezes pensei em interromper o atendimento vislumbrando o risco de estabelecermos um par sadomasoquista na análise, mas não o fiz. Talvez por entender que havia uma provocação à exclusão que eu não queria atuar". Acho que não bastava ter evitado uma nova rejeição. Seria preciso ter pesquisado com ele, com maior detalhe, o próprio movimento repetitivo de se tornar desagradável. Ao mesmo tempo que provoca uma expulsão, ele esconde/revela a esperança de *não* ser rejeitado.

Ao atuar assim, o mais importante é que está *contando* algo à analista, em ato, como se dissesse: "se você *não* me fizer desaparecer, eu me encarrego disso". O que mais está em jogo aí? É uma história de morte que está em jogo; algo que *já aconteceu* (Winnicott, 1994). Não acho que ele queira de fato morrer. De certa forma, ele está dizendo *que já morreu*; a morte psíquica aconteceu há muito tempo, quando ainda era criança. É uma comunicação inconsciente, da qual se pode tirar partido, pois o que aconteceu está se repetindo agora, para *não* acontecer mais como no passado. Essa necessidade é muito insistente, por isso fica tanto tempo em análise, apesar de suas resistências. O trauma precisa muito ser reconhecido e desconstruído, de algum jeito.

Aqui seria muito importante que a analista *reconhecesse* a intensidade do traumático, apesar da indiferença ao passado ter se instalado no paciente. Ferenczi (1991) está sempre sinalizando o risco de o analista reatualizar a indiferença que atravessou a cena infantil. Se fosse a supervisora do caso, diria: "o paciente está comunicando algo muito intenso". Vive perseguido por um trauma que já aconteceu e continua acontecendo; ele não consegue fazê-lo parar de acontecer. Tentaria descobrir qual foi o impacto afetivo sobre a analista. Ela também ficou irritada, como a anterior? Quais seriam os múltiplos significados *transferenciais* dessa palavra de morte em um primeiro encontro? Será que ele está sondando? "Não só a minha família como *até* a minha analista anterior tentou *facilitar* o meu desaparecimento". Disse: "Vamos lá, se você quer se matar mesmo, pare de ameaçar e vá em frente!". Ou ainda uma pergunta velada, agora dirigida à analista atual: "E você, agora, o que vai fazer?". Pensa: "Será mais uma a encenar comigo a repetição dessa história de desamor e rejeição vivida por mim até agora e que carrego como um segredo fechado, sem saber muito bem que peso é este?".

Na sequência do relato, vejo que a analista percebe muito bem a importância da cena infantil que está sendo evocada aqui; ela se surpreende ao ver que ele não liga as histórias atuais de rejeição à história infantil. Uma rejeição muito difícil de engolir e de entender e que tornou muito difícil engolir e entender uma grande quantidade de coisas em sua vida.

Esse homem tornou-se um acadêmico bem-sucedido, cumprindo a profecia familiar – "você é muito inteligente para ficar na cidade pequena" –, mas sua inteligência ficou bloqueada para tirar as consequências do que acontece no plano das emoções, para entrar na associação livre, articular passado e presente. Ele recusa as interpretações da analista, não acredita que tais *insights* podem ter algum efeito sobre a dor de viver.

A cena infantil de rejeição aparece meio *velada* por um elogio e uma racionalização, sugerindo que ele fosse para uma cidade grande *por ser* inteligente e porque poderia encontrar melhores condições para se desenvolver em um centro urbano maior. Quanta hipocrisia! E quantos *não ditos* ficam aí concentrados e emudecidos nessa *expulsão* da proximidade: vergonha, rejeição, violência, desamor, desamparo, ignorância e toda uma gama de afetos negativos que só poderiam evocar o ódio que ardia dentro dele contra tudo e todos.

A descrição do seu ódio é muito nítida em suas fantasias de esquartejar, matar, dar tiros, destruir, "ter um carro que se abria em lâminas que matariam todos os que o atrapalhavam no trânsito e que poderia destruir qualquer um que o desconsiderasse". Ele acaba ficando como o *único* responsável por seu ódio e continua ignorando a violência que havia explodido sobre ele no passado. Um dos trabalhos da análise seria *desconstruir* essa situação imaginária (Roussillon, 2012) de ser o único responsável pelo ódio; seria preciso revelar a trama confusa de relações que faziam parte de sua história. A analista tenta aproximá-lo disso, mas encontra o terreno fechado por ataques aos vínculos que poderiam estabelecer ligações de sentido.

O ódio sinaliza a impossibilidade de realizar o luto da rejeição infantil, encobre uma dor muito difícil de ser admitida, que se encontra presente, mas foi silenciada; está *encriptada*. "Minha compreensão é de que há uma reatualização constante de uma cena infantil da qual nada pode ser alterado ou relativizado; estamos frente a frente com uma cripta." Cena que se repetia nos relacionamentos amorosos, nas relações de trabalho e na análise.

A noção de *cripta*, onde os acontecimentos infantis estariam sepultados em uma forma indizível, foi algo pensado por Nicolas Abraham e Maria Torok, no livro *A casca e o núcleo* (1995). São acontecimentos que escaparam à narração, foram engolidos sem mastigação nem passagem à palavra. Dão origem a *passagens ao ato* maciças e não podem ser integradas ao psiquismo; estão dissociadas. A *cripta* é o nome de um lugar psíquico em que os afetos estão congelados: a vergonha, o preconceito, os afetos negativos; nada tem acesso a alguma palavra justa. O que ficou na cripta fica se repetindo, se repetindo; precisa ser desencriptado. A procura compulsiva de sexo dissociado da emoção é uma repetição mortífera de um desejo de proximidade, de intimidade. Um sexo que não tem nada a ver com prazer, ou um prazer rodeado de desprazer por todos os lados.

Aquilo que não pode ser lembrado, já nos dizia Freud em 1914, é repetido e se manifesta em atuações repetitivas que não podem ser transformadas e que, ao contrário, deformam o eu e se transformam em reações terapêuticas negativas (Freud, 1996).

Nesse homem solitário, os traumas não puderam ser chorados e as palavras depreciativas dos familiares transformam-se em vozes interiores de autorrecriminações e autodepreciações. Estão em seu psiquismo sem que ele saiba muito bem de onde vêm, nesse lugar que torna a perda inconfessável: para proteger-se da dor, a palavra é sepultada por uma clivagem do eu. Algo mais intenso que uma angústia foi apagado – vamos chamá-lo de *agonia* – e gerou um silêncio que faz muito barulho. Ele vive uma *agonia* impensável, como descrita por Winnicott (1994) e Roussillon (2006, 2012). A analista percebe com clareza que a agonia não é analisável, solicitando apenas uma presença e um compartilhar de afeto, para que se torne um pouco mais tolerável.

> *Embora a agonia não seja interpretável, tudo o que puder torná-la inteligível para o paciente deve ser cuidadosamente reconstruído. Tolerar e tornar inteligível a agonia, pode, ao longo do tempo, permitir que saia do centro do estado emocional do analisando e que se torne interpretável e integrável nas coordenadas clássicas do funcionamento psíquico (Roussillon, 2012).*

A associação livre, embora seja um convite dirigido ao paciente desde o início, é com frequência algo a ser conquistado, lentamente, por meio dessa primeira escuta. Nesse caso, buscar a inteligibilidade da vivência de agonia psíquica é o essencial da tarefa psicanalítica.

Referências

Abraham, N. & Torok, M. (1995). *A casca e o núcleo.* São Paulo: Escuta. (Trabalho original publicado em 1987)

Anzieu, D. (1975) Naissance du concept de vide chez Pascal. In *Nouvelle Revue de Psychanalyse.* Paris, Gallimard, n. 11, p. 195-203.

Anzieu, D. (1981). *Le Corps de l'oeuvre: essais psychanalytiques sur le travail créateur.* Paris: Gallimard.

Cintra, E. M. U. (2011). Sobre luto e melancolia: uma reflexão sobre o purificar e o destruir. *ALTER – Revista de Estudos Psicanalíticos, 29*(1), pp. 23-40.

Cintra, E. M. U. & Figueiredo, L. C. (2003). *Melanie Klein: estilo e pensamento.* São Paulo: Escuta.

Ferenczi, S. (1991). Transferência e introjeção. In S. Ferenczi, *Obras completas: psicanálise I.* São Paulo: Martins Fontes. (Trabalho original publicado em 1909)

Ferenczi, S. (1992a). Elasticidade da técnica analítica. In S. Ferenczi, *Obras completas: psicanálise IV.* São Paulo: Martins Fontes. (Trabalho original publicado em 1927)

Ferenczi, S. (1992b). Confusão de língua entre os adultos e a criança. In S. Ferenczi, *Obras completas: psicanálise IV.* São Paulo: Martins Fontes. (Trabalho original publicado em 1933)

Ferenczi, S. (1992c). Reflexões sobre o trauma. In S. Ferenczi, *Obras completas: psicanálise IV.* São Paulo: Martins Fontes. (Trabalho original publicado em 1934)

Figueiredo, L. C. & Coelho Jr. N. (2000). *Ética e técnica em psicanálise.* São Paulo: Escuta.

Freud, S. (1996). Recordar, repetir, elaborar. In S. Freud, *Edição standard brasileira das obras psicológicas completas de Sigmund Freud* (Vol. 12, pp. 191-203). Trad. Jayme Salomão. Rio de Janeiro: Imago. (Trabalho original publicado em 1914)

Roussillon, R. (1999). *Agonie, clivage et symbolization*. Paris: PUF.

Roussillon, R. (2006). *Paradoxos e situações limites da psicanálise*. São Leopoldo, RS: Unisinos.

Roussillon, R. (2012). A desconstrução do narcisismo primário. *Livro anual de psicanálise*, vol. XXVI, pp. 159-172.

Winnicott, D. W. (1994). O medo do colapso (*breakdown*). In C. Winnicott, R. Sheperd e M. Davis (orgs.), *Explorações psicanalíticas: D.W. Winnicott* (pp. 70-76). Porto Alegre: Artes Médicas. (Trabalho original publicado em 1963)

Caso 4: Momentos de uma análise[1]

Apresentadora – Nora B. Susmanscky de Miguelez
Comentadores – Leopold Nosek e Ana Rosa Chait Trachtenberg

Apresentação de Nora B. Susmanscky de Miguelez

Agradeço o convite para publicar na revista *Percurso* o relato de alguns momentos da análise de um paciente com quem trabalhei faz uns dez anos. Falo em *momentos* e não no habitual *fragmentos* porque, na minha memória, se destacam determinados períodos e/ou sessões em que, a despeito de qualquer linearidade temporal, situações transferenciais, presentes ou passadas, determinaram mudanças de rumo, ressignificações e elaborações significativas no trabalho de analisando e analista.

I

Zé me telefona e me diz que está precisando de análise. Parece bastante animado e seguro. Combinamos um horário e, quando o vejo, seu sorriso cálido combina bem com a impressão que me

---
[1] Publicado originalmente em *Percurso*, 61, dez. 2018.

deu ao telefone. Ele é grandão, vestido bem à vontade, relaxado e harmonioso. Em poucos dias, vai fazer 30 anos. Logo me conta que "tem" síndrome de pânico. Ele a "tem" como se tem um calçado que aperta ou uma verruga inconveniente. Um corpo estranho, algo que não combina. Fala da tal síndrome fazendo uma descrição estilo anamnese psiquiátrica: "Taquicardia... tremor... suor frio... sensação de morte...". Bela indiferença, diria Freud. Essa morte de que fala não é matada, morrida nem temida.

De fato, ele continua com calma seu relato: na adolescência sofreu alguns episódios leves, momentos de angústia, mais que estados que pudesse descrever. Mas, na despedida do colégio (que ele gostava e admirava), na passagem para a universidade, foi tomado pelo terror de morrer e, muitas vezes, apenas encontrava refúgio, encolhido, trêmulo, em seu quarto. Os pais se apavoraram e prontamente levaram-no para um psiquiatra, que acalmou a todos, explicou os processos nos neurotransmissores, medicou-o com antidepressivos e ansiolíticos e indicou terapia com uma psicóloga. Zé gostou de ambos e do tratamento; em três anos recebeu alta, sem sintoma algum.

Enquanto isso, ele cursava simultaneamente duas faculdades que considerou complementares para seus interesses e projetos. Esse currículo facilitou que, uma vez formado nas duas carreiras, conseguisse com facilidade um estágio numa grande empresa. Considerava que seus colegas eram muito interessantes, inteligentes e bem preparados e admirava especialmente seu chefe, tanto pela experiência e conhecimentos que possuía como por suas qualidades pessoais. Zé trabalhava com entusiasmo e esticava sua jornada de trabalho, se fosse necessário. Foi efetivado, mas, depois de dois ou três anos, começou a se desentender com o chefe, a achar que ele não era criativo e, sim, burocrático. Sua vontade de colaborar foi raleando e começou a achar coisas mais interessantes para fazer fora da empresa. Faltava, chegava tarde, saía cedo e, finalmente, depois de uma repreensão de seu superior, demitiu-se, mas conservou com a empresa uma relação de trabalho como *freelancer*. No começo, sentia-se livre e poderoso, pensando nos projetos de estudo e de pesquisa que agora teria tempo de fazer.

De modo inesperado, não sabe como nem por que, voltaram a aparecer a angústia e os temidos momentos de pânico perante a morte. Por isso me procurou. Antes tentou retomar a psicoterapia com a psicóloga com quem tinha trabalhado, mas ela tinha se mudado para uma cidade de um estado longínquo. E ele não queria medicação devido aos efeitos colaterais que tinha sofrido da vez anterior. Por outra parte, pensava que a ajuda tinha vindo muito mais da psicoterapia que do receituário do psiquiatra. Essa psicóloga tinha lhe falado da ioga, e ele acabava de começar a praticá-la.

Sem transição, as associações de Zé vão se afastando do relato das angústias e do pânico. Conta que sempre gostou de nadar e tinha retomado recentemente essa atividade. Já escolheu dois grupos de estudo que estavam começando e que ele acha muito interessantes. Enquanto me fala de suas novas atividades, vai se empolgando com a descrição de tudo em sua vida que é "bom" e "belo", e que agora tem tanto tempo livre. Com sua turma, frequenta cinemas, teatros, *shows*, exposições. Tem uma namorada de bastante tempo, boas relações sexuais com ela e com alguma outra de vez em quando. Vão à praia, a festas... Gasta pouco nessas atividades e usa, para isso, o que ganha como *freelancer*.

Aos poucos, o clima de sedução que sugere uma "vida maravilhosa" domina a entrevista e tira o acento de sua demanda de análise, afasta e elude o tema doloroso do chefe que o desapontou e os ataques de angústia. Fica longe o pânico de uma morte iminente. Tudo "isso" parece esquecido e estacionado num lugar remoto. "Isso" não pode contar ainda suas experiências de sofrimento e gozo.

II

Zé começa sua análise. Suas sessões, que eu acho sempre interessantes, estão imbuídas da atmosfera do "belo" e do "bom". Nosso trabalho e eu passamos logo a fazer parte dessa espécie de casulo que envolve tantas atividades atraentes. É claro para mim que esses encontros tão gratos são o efeito de uma espécie de teia resistencial, sedutora, destinada a evitar, a manter longe, aquilo que poderia trazer de novo o sofrimento. Recurso ao encantamento mútuo, água benta, socorro repetitivo quando a angústia fecha seu cerco. Como numa pira sacrificial, os sintomas parecem ser incinerados: em pouco tempo desaparecem. Essa fênix, porém, reaparecerá intacta e poderosa e se fará ouvir quando o momento oportuno se apresentar. Enquanto isso, os relatos vão urdindo uma trama fragmentária em que, por enquanto, os sintomas não encontram um lugar. Mas, na minha escuta, começam a aparecer perguntas sem muita conexão: nada parecido a uma narrativa.

Pai e mãe se querem bem. Ele, o pai, é o protetor de todo mundo e dispõe dos meios para isso: é calmo, gentil, bem-sucedido. A mãe é alegre, carinhosa, muito medrosa e até ansiosa. O pai e Zé a confortam. Ela está sempre disponível e conversa bastante com os filhos. Foi ela que indicou meu nome, por recomendação de uma amiga "psi". Já com o pai, ele não tem intimidade, embora o defina como "gente fina" e "um amigão".

Zé tem uma irmã mais velha: ela também namora faz tempo e trabalha com o pai, que se preocupa bastante com ela em razão das dificuldades escolares que teve a vida inteira e da falta de ambições que a caracteriza. Uma frase de Zé aparece em destaque: "Nós dois estamos como que encalhados". O tom é de queixa, mas me leva a brincar: "Graças a Deus, não é?".

III

Tempos depois vem a notícia de um trabalho fixo que julga perfeito para ele e para os novos interesses e competências que veio desenvolvendo. Seguem-se as alternativas e o suspense da concorrida seleção. Extraoficialmente, Zé é informado de que os entrevistadores consideraram que ele era a pessoa perfeita para o cargo. Zé imagina, feliz, que agora poderá alugar um apartamento para sair de casa e desencalhar. Talvez chame a namorada para morar com ele, mas logo desiste; vai convidá-la algumas vezes.

No entanto, na última hora, a eleita para preencher a vaga na empresa é uma colega que ele conhece. "Ela é limitada, débil mental!", me conta com indignação. Lembro-me da irmã do Zé, mas não considero oportuno dizer nada. Ele está tomado pela raiva e acumula provas e situações em que a moça mostrou que pouco valia. Logo imagina: "Já sei: ela tem um pistolão". A ideia o deixa fora de si e ocupa sessões a fio: quer saber quem foi. Expressa sua revolta raivosa, sua mágoa perante a injustiça.

Por essa via, irrompe, de improviso, o relato que não pôde aparecer em nossa primeira entrevista. Os fatos passados recuperam a voz e, agora, ele evoca as injustas circunstâncias que o levaram a renunciar ao emprego anterior: também aí houve uma "débil mental" na origem dos desentendimentos com seu ex-chefe. Amargo, ele reivindica: não necessita de padrinhos, nem antes nem agora. A análise, nosso trabalho ("madrinha"?), há de auxiliá-lo a dar a volta por cima, a revidar, a dar o troco, a orquestrar uma bela vingança. Como num deslizamento sutil, a sedução habitual deixa transparecer sua face de conluio vingativo e dolorido. Zé não precisa deles. O que quer mesmo é que morram, que sumam de sua vida.

Aos poucos, os sintomas reaparecem. Na hora mais inesperada do dia, no meio de um pesadelo noturno, aterrorizando as sessões. Poderia dizer que o voto mortífero dirigido a "eles" inverteu seu sentido para desabar na cabeça do Zé, possuído agora pelo terror da própria morte. Culpa e autopunição pelos desejos "assassinos"? A "analista maravilhosa do paciente maravilhoso" já não é mais capaz de poupá-lo de ser arrastado pelo pânico. Não, pelo menos, no contexto do conluio vingativo e excludente, reativo à dor de ter se sentido descartado. Aos poucos, como é possível em meio à confusão e aos sentimentos de emergência, de perigo, disparados pela angústia, as associações elucidam esse laço transferencial oculto. A trama conspirativa e assassina dos "aliados" (analista e analisando) contra "eles" aparece e some numa perlaboração prolongada, que revisita a história do paciente e ilumina momentos especiais, com frequência, a partir de sonhos complexos.

Um deles começa com uma festa na qual encontra uma amiga com quem teve um breve namorico poucos meses antes. Ela estava separada do marido, mas logo reataram e, nesse momento, estava no início de uma gravidez. No sonho, trocavam olhares cúmplices. Depois, ele estava na porta, esperando que trouxessem seu carro, quando viu que sua mãe também estava lá. Comenta: "É como se tivéssemos ficado juntos na festa". Eu acrescento: "De fato, você estava com uma mãe aí: sua amiga grávida e cúmplice". Ele ri e continua: "Minha mãe estava entrando no carro e eu vejo um caminhão desgovernado que vai bater no carro. Tiro minha mãe a tempo e quando o caminhão bate, cai de dentro dele um ataúde que se abre e deixa ver um corpo. Minha mãe olha e começa a chorar desesperada". Vamos trabalhando sem muita dificuldade os elementos do sonho: ele mesmo imagina que o corpo devia ser do pai. "Mesmo morto, meu pai vem furioso contra nós, porque fomos juntos à festa." Ele fica calado e diz: "Furioso estou eu. Não com meu pai, mas com o cara que colocou essa moça no trabalho que devia ser meu!". Eu acrescento: "Mas o cara protegeu a moça como seu pai protege sua irmã. Acho que você se vinga dos homens, na cumplicidade com a amiga grávida, na saída para a festa com sua mãe, na vontade de ver seu pai morto...".

Enquanto vamos trabalhando, a angústia diminui bastante. Já não se expressa no temor da morte iminente, mas em sentimentos de profundo desamparo, orfandade e depressão que o deixam apreensivo, com a cisma de estar exposto a riscos incertos. Com a culpa e o autocastigo, evidencia-se um segundo efeito do desejo de morte: o desamparo, que também participa da experiência de pânico. E ele tem razão: se os pistolões, os padrinhos, o pai já morreram, segundo o desejo do Zé, quem há de garantir a vida, o bem-estar, o futuro, a proteção de filhos como ele? Os fios associativos são infindáveis: "Meu pai cuida muito de nós: quer que tenhamos carros grandes e fortes; é na hora dos acidentes que isso define a diferença entre a vida e a morte".

Obviamente, os sintomas de Zé produzem angústia na sua família. Agora também ele é, de certo modo, alguém limitado, como a mãe e a irmã. O pai está aflito, quer acompanhá-lo em suas atividades, levá-lo em seu carro como carona, rodeá-lo de atenções, de carinho e de cuidados. Zé usufrui assim do *benefício secundário da doença*? Em certo modo, sim. Mas eu tenho a impressão de que talvez tenhamos chegado aí ao *benefício primário*, aos desejos pelo pai, usualmente recalcados em Zé. O sofrimento do sintoma dá expressão ao prazer da realização do desejo de ser o objeto passivo e preferencial da paixão paterna, da paixão *protetora* desse pai que afirma sua potência no amparo aos fracos e limitados.

Nesse período difícil e esclarecedor de sua análise, Zé relata um sonho: está numa festa, com a irmã e o namorado. Em pé, fica olhando os casais que dançam. Ele não encontra ninguém que fique com ele e decide ir embora. Na porta, o pai o espera, como quando era adolescente, e Zé sente muito alívio, como se estivesse perdido e o pai o encontrasse. "Temos que chamar tua irmã", fala o pai. E ele avisa que a irmã ficará mais tempo e voltará com o namorado. Então, pegam o carro e voltam conversando sobre o jogo de futebol a que o pai assistiu. Acorda aflito, mas se acalma quando percebe que foi apenas um sonho, mesmo que a lembrança o deixe algo envergonhado. Conta que nos últimos dias retomou sua independência: pegou seu carro, atendeu seus compromissos, entregou um trabalho na empresa. Disse que o pai respeitou suas decisões, mas ficou preocupado. Na hora do almoço, perguntou-lhe se não gostaria de trabalhar com ele, como sua irmã. Ele agradeceu, falou que tinha outros projetos e voltou a se sentir envergonhado. Fala de sua vergonha como se fosse algo que deveria superar o quanto antes. Eu apontei que era difícil e talvez humilhante perceber o quanto gostava da companhia do pai e, especialmente, a saudade que tinha dos tempos em que esse gosto não era ameaçador para ele nem era ameaçado pela fraqueza da irmã, a quem o pai tanto protegia. Também falamos das outras "débeis mentais", do ciúme que ele sente, da injustiça. Ele ficou calado, depois me disse, um pouco triste: "É, foi bem um sonho de saudade. Acostumei-me mal". "Mal?", pergunto. Ele ri, confuso. Eu fico calada: percebo que a porta de contato com os desejos ligados ao pai, porta algo aberta no sonho e na conversa sobre o sonho, acaba de fechar de novo. A alma penada da repetição ainda não encontrou o seu ensalmo.

Por isso mesmo, Zé recupera seu equilíbrio e seu entusiasmo e curiosidade aos poucos, mas sem pausa. Logo está à procura do equivalente da empresa cujo chefe o traiu com uma burrinha e do emprego que um pistolão roubou dele para entregar para uma moça limitada. As deusas estão com ele, mas os deuses protegem mocinhas.

Poucos meses depois, Zé vem com a notícia de que decidiu se apresentar como candidato para uma bolsa no exterior muito difícil de obter, porque participam postulantes do mundo inteiro. Deve estudar o ano todo com muito afinco, mas se ele ganhar... A essa altura de sua análise, eu imagino que a repetição que o caracteriza continua dona da situação e segura a chave dos sintomas, mas, pelo menos, podemos nomeá-la, incluí-la em algumas situações e até brincar com ela. Por isso intervenho: "Se você ganhar... Vai esnobar algumas meninas pouco inteligentes, mas... E se alguma tiver pistolão?". Ele ri com esse tipo de intervenções e assegura estar vacinado. Em todo caso, algo ressoou nele porque, na sessão seguinte, diz que ficou pensando e reparou que nessa bolsa costumava ter poucas aspirantes mulheres e que, sem perceber, tinha eliminado grande parte da concorrência perigosa das hipotéticas protegidas.

O ano passou e Zé trabalhou com toda intensidade em prol de seu objetivo. Dessa vez, ganhou a bolsa, foi para o exterior e não voltei a ter notícias dele.

Sem dúvida, eu não tenho nem jamais tive a intenção de "saber" nada desse senhor e dessa senhora que eram seus pais na realidade. Mas não foi possível deixar de "conhecê-los", na versão Zé, como identificações intrapsíquicas participantes no diálogo analítico. Ora por perceber que, para ele, eu as encarnava nas sessões, ora por ouvi-los falar por sua boca ou a de outras personagens de sua vida e de sua história. De um modo ou de outro, sempre chamou minha atenção uma espécie de diferença temporal entre as identificações superegóicas de Zé e as de outros pacientes de sua geração. Talvez porque ele pertencia a uma família que conservava modos de vida tradicionais, enquanto a maior parte das pessoas de sua geração e classe tinha pais separados, muitos com novos casamentos, e mães que exerciam profissões de nível universitário e não apenas se dedicavam ao lar etc. Mas, no caso de Zé, as duas identificações superegoicas pareciam complementares, sem muita sobra nem fissura: uma delas tão completamente "fálica" quanto "castrada" a outra. As duas perfazendo de uma dimensão patriarcal claramente definida. Para muitos autores, esse "pai forte" seria garantia da constituição de sujeitos com um mínimo de neurose, hipótese que não se verifica no caso do Zé. Ele sofria tanto com seus sintomas quanto outros pacientes com famílias muito afastadas do figurino tradicional e, portanto, expostos a outros efeitos de subjetivação. Essa linha de pensamento nos levaria a trabalhar a problemática da etiologia das neuroses em situações históricas diferentes... Trabalho que deixaremos para outra ocasião.

Comentário de Leopold Nosek

1

Quero agradecer à revista *Percurso* pela oportunidade de participar desta importante seção editorial, num momento em que me parece cada vez mais necessário o diálogo entre vozes de diferentes instituições psicanalíticas. A proposta se revelou de uma dificuldade inesperada. Venho participando de incontáveis conversas sobre material clínico de colegas, mas nunca por escrito. Foram sempre conversas ao vivo, sujeitas à inspiração e aos percalços do momento e, antes de tudo, à precariedade inerente à palavra falada. Vieram daí um hábito e uma preferência que tentarei explicar.

Não creio que se possa capturar a decantada "dinâmica do paciente". Aliás, nem me atribuo tal tarefa. Uma discussão pode apenas fazer surgir uma iluminação parcial de um momento clínico, uma compreensão necessariamente provisória. A alteridade é infinita, e alguém já disse que a totalidade é a perversão do infinito. Ocorre-me uma circunstância certamente familiar a todos:

não sei quantas vezes já "compreendi", por exemplo, o conceito de narcisismo, mas a cada vez que volto a ele compreendo-o em outro nível de profundidade, em outro grupo associativo, e sempre me espanto com minha ignorância passada.

Toda vez que tenho a sensação de haver compreendido um paciente, em pouco tempo uma surpresa ou um susto me devolvem à costumeira perplexidade que me acompanha na clínica. Se no início reconheci aí um matiz persecutório – pois essa limitação me parecia pertencer unicamente a mim –, aprendi depois a comemorar minhas ignorâncias, a riqueza infinita que se desenrola diante de mim e a insegurança que sempre me faz companhia. Penso no conhecimento não como captura do objeto investigado, mas como processo de ganhar altura em relação a ele; desse modo, à medida que vou conhecendo, o campo do desconhecido vai se ampliando, e assim infinitamente.

Descrevo outra experiência comum. Quando leio um texto de Freud, surgem associações que rabisco no pé da página. Ao reler o texto em outra ocasião, elas me parecem muitas vezes estranhas, sou tomado por novos pensamentos, imagens e emoções. Se em algum momento invejei quem me parecia se apropriar em definitivo do texto freudiano, hoje tenho claro que o leio em chave associativa, com o inconsciente exposto. Conhecimento acadêmico da obra freudiana é insuficiente para que alguém se torne analista, como bem sabemos. Enlaçado à atividade clínica, o conhecimento ganha descanso e passa a integrar uma complexa rede de associações inconscientes, ganha uma corporeidade sempre renovada. Necessitamos da grande invenção freudiana que é a situação clínica, encontro único que um paciente, um dia, ensinou a Freud: este lugar feito de associação livre e atenção flutuante. Tenho escrito sobre a associação livre como permissão para que o paciente *seja* e sobre a atenção flutuante como submissão ao traumático com que o infinito do outro me confronta.

A palavra escrita traz um momento emocional que existe como memória. Num encontro pessoal, a palavra é volátil, a fala se desfaz nos meandros irrecuperáveis das associações de quem as escuta. Não é impositiva, não pretende nenhuma fixidez. As palavras contêm texturas, cores, olhares e pulsações que ultrapassam seu conteúdo semântico. Queria ter talento para uma escrita que contivesse a delicadeza e o respeito exigidos para tratar de experiências vitais como são as que fazem o nosso cotidiano na clínica. Nossa formação, predominantemente pessoal, tem como veículo primordial a palavra falada ou, mais amplamente, a experiência viva.

Winnicott dizia ter dois sentimentos ao se ver diante de uma plateia: medo de que não o compreendessem e um medo maior ainda de ser compreendido. Durante encontros de supervisão fora do país, muitas vezes fui surpreendido por discussões intensas e profundas. Quando resisti à tentação de me considerar particularmente engenhoso, ocorreu-me que a condição de estrangeiro me dava acesso a segredos e intimidades não permitidos a um analista local. (Talvez exista aí uma razão para o prestígio e a autoridade que costumamos conferir às personalidades que nos visitam do exterior.) Creio não me enganar ao dizer que a apresentadora pretende, a um só tempo, revelar e esconder, e suponho estar claro que correrei o mesmo risco que ela: o de me revelar mais do que gostaria.

2

O que o paciente relata como "síndrome do pânico" é perceptivamente apresentado como um "objeto estranho" que ele possui e que o invade. Parece ser como uma infecção, um abcesso ou um tumor. O modelo médico serve bem ao equilíbrio de Zé (aliás, um codinome mínimo, muito usado quando se quer dizer que alguém é ninguém). Como numa anamnese, ele conta o que imagina ser de interesse para a analista e que também serve à forma de pensar dele próprio. Fala de "sentimentos de morte", e, não nos sendo dado a conhecer o que sejam de fato tais sentimentos, podemos supor que Zé se refere a um estado particularmente agudo de angústia. Tradições milenares ligam a morte ao distanciamento dos familiares, como em nosso desamparo mais básico. Temos a tradição dos cemitérios e o uso de dar residência ao corpo junto da família. Há quem prefira a cremação, às vezes, por temor de angústias claustrofóbicas ou de ser vitimado pelo canibalismo de entes fantasmáticos. Seja como for, a fantasia mais comum é a de estar longe dos objetos primários.

Zé é surpreendido por uma invasão de fantasmas primitivos e se defronta com a falência de seus métodos habituais de equilíbrio. Estamos diante de uma catástrofe psíquica ou, em outra construção, de morte psíquica. A analista é vista como alguém que, com habilidade de cirurgião, saberá dar fim a esses fantasmas indesejados, excessivos, para que Zé possa prosseguir em seu trajeto habitual. Uma psicoterapeuta anterior lhe indicara a ioga que só agora ele começa a praticar. Escutamos e recebemos a transferência que já encontrou outro receptor no passado. Não deixa de ser interessante o fato de que ele "sabe" sobre a própria fantasia e não procura novamente a antiga terapeuta, não importando as razões para não o ter feito. Tampouco pretende se medicar. Bom começo!

Aquele objeto estranho, como apresentado, associa-se ao familiar *splitting*. Existem dois caminhos aí: ou o equilíbrio usual é restabelecido ou há chance de uma análise se iniciar. O que acompanhamos é o relato de um processo em que o sintoma desaparece, o equilíbrio se refaz e temas analíticos ou inconscientes são abordados parcialmente, até que Zé segue sua trajetória individual.

Já pelo relato da primeira entrevista, vê-se como a relação entre os integrantes da dupla analítica se desloca para uma transferência empenhada em conquistar cumplicidade e na qual impera a ausência de sofrimento. A análise "deveria" possibilitar a permanência desse clima – é a fantasia de cura que norteia a demanda de Zé, o que não escapa à analista. Enquanto não irrompem aspectos cindidos no relato, a busca por cumplicidade é o que parece dar o tom. É frustrante para a analista, pois o que ela recebe sempre é o que chamo de *breaking news*, isto é, relatórios do cotidiano, boletins sobre angústias recentes, informes sobre os familiares etc.

Registro uma anotação: nem sempre a fala do paciente tem o estatuto de associação livre. Inúmeros autores já a trataram como veículo de ações transferenciais. Uma fala pode pretender imobilizar o analista, matá-lo, controlá-lo – são tantas as ações quantos forem os momentos da sexualidade. Para meu uso, gosto de pensar que posso ouvir a fala do paciente e, ao mesmo tempo, visualizar a cena, o psicodrama tácito que se desenrola na sala de análise. Sabemos que o encontro analítico tem potência traumática para ambos os participantes, que pode trazer à tona momentos pulsionais e todo o respectivo cortejo de expedientes psíquicos. Costumo usar a imagem dos cartuns ou das histórias em quadrinhos para descrever como trabalhamos: temos os balões nos quais se inscreve a fala, mas falta a figuração, o desenho do que subjaz àquela fala. Zé se permite ser penetrado pela analista? Permite que ocorra um episódio fértil? Prevalecem mecanismos de controle e expulsão? Propõe uma cumplicidade impermeável à ambivalência dos encontros humanos?

Cada um de nós tem seus modos preferenciais de atuação. Posso almejar ser penetrante, acolhedor, dotado de fertilidade, asseado, lutar todo o tempo com contaminações, controlar o acontecimento, eliminar as impurezas conceituais etc. Também temos nossas teorias prediletas. Por exemplo, posso me fixar na primeira tópica e pensar numa linguagem ou fantasia organizada de modo inconsciente, emoldurada por seu repertório de defesas e à espera da consequente tarefa de revelação que me caberá. Sabemos, de outro lado, que existe o inconsciente por ser construído, não apenas o recalcado. De qualquer forma, a psicanálise concebe os modos neurótico, perverso, psicótico, traumático e *borderline* como presenças universais do humano. O paradoxo é que, não sendo terapeutas, realizamos a terapia mais poderosa que conhecemos. Não é apenas a famigerada "cura *gay*" que é antiética. Qualquer intenção de cura pressupõe um equívoco ético da tarefa psicanalítica. (Nossas motivações de cura são abordadas na análise pessoal e nos contam muito sobre nós.)

A analista relata que uma porta se abriu com o trabalho, coroado pela interpretação de um sonho. Surpreendentemente, isso aponta para o final do vínculo. Se para interromper é necessário mudar de país, por que não? Volto a me perguntar se Zé tolera ser penetrado por uma ação interpretativa. Que qualidade de desenvolvimento psíquico vemos nele para que frequente, tão amiúde, mecanismos de cisão ou de refúgio no estado de completude, ou, ainda, mecanismos de expulsão do indesejado? Talvez fosse útil fazer como recomendam os pediatras: se a fase é de expulsão, deve-se suspender a alimentação e paulatinamente reintroduzir o alimento, com parcimônia, na medida da regressão do momento expulsivo.

Talvez recorramos com frequência desnecessária aos conceitos de pulsão de morte ou compulsão à repetição. Uma interrupção ou mesmo uma apresentação pública – isto é, outro destino para a intimidade analítica – é sempre uma ocasião para reflexões. Em minha experiência, situações como a apresentada me falam da precariedade de construção de um espaço de interioridade, o que se associa a sujeitos pouco aptos a lidar com pulsões e fantasias. É como se não tivesse sido construído o inconsciente, o dentro e o fora. O interno e o externo não se diferenciam e, talvez por isso, a dificuldade extrema de fazer face a conflitos, contradições e ambivalências – aí o maior desamparo.

Outra questão: quando falamos de figuras edípicas, essas não cabem no relato do atual ou de recuperação de memórias de pai e mãe. No desenvolvimento primitivo, pai e mãe são a complexidade do mundo, o destino, a sorte, o ambiente em que se move o eu. Como objeto de amnésia, apresentam-se em sintomas da linguagem ou na transferência. Se há uma falha na construção do espaço interior, a interpretação do analista não encontrará lugar de repouso. Os sonhos, nesse quadro, não seriam ponto de partida, mas ponto de chegada, produto de trabalho árduo. O sonho narrado no final talvez prenunciasse a possibilidade de ambivalência na análise; sob elaboração, sua carga de hostilidade talvez se esparramasse pela relação transferencial; aquele corpo pensado como sendo do pai poderia, talvez, se atualizar na figura da analista, com a formação edípica ganhando uma expressão concreta, anunciando a morte da análise. Nossas salas são palco de assassinatos, suicídios e incestos, de todas as paixões que o humano possa inventar – aí a potência da cena psicanalítica. Se os fantasmas de Zé não podem repousar em palavras, a tentativa da analista de penetrá-lo o fará sentir que as palavras o trespassam, o ferem. O desamparo é dele mesmo, incapaz que é de fixar entes primários que o ajudem a figurar o que o atinge de seu interior e do mundo ao redor. É o desamparo de quem não pode contar com a própria capacidade de elaboração.

Não sendo capaz de figurar a separação de corpo e espírito, o estado que Zé nomeia como pânico fica sem lugar. Não é capaz de reconhecer uma falência psíquica, acredita que vai morrer fisicamente. (Antes de se "popularizar", o chamado "pânico" levava à busca urgente por um pronto-socorro.) Na impossibilidade de conter a inevitável ambivalência amorosa, cisão e expulsão vão se alternando em seus diálogos e no seu modo de frequentar o mundo, entremeadas de pausas no "maravilhoso".

A falência catastrófica encontra descanso na perfeição. Se adotamos o pressuposto de uma existência mais madura do psiquismo, a tendência é escutar a fala como associação livre, como se o desamparo dissesse respeito ao recalcado. Essa expectativa, não se confirmando, leva à análise como que um senso de fracasso e impotência – o que é despropositado, pois nossa fertilidade e nossa tarefa estarão sempre em outro lugar. Muitas trilhas terão de ser percorridas antes que possamos estacionar em tão confortável espaço de trabalho. (Também não é desprezível a sensação de desamparo que nos acomete quando ligações de tal intimidade se interrompem.)

Em situação similar à apresentada, poderia me mostrar como quando analisava crianças: disponível pessoalmente para o jogo. Gosto de imaginar, com um paciente adulto, que jogo estaríamos jogando se ele fosse um menino ou, então, com uma criança, imaginar o que esse senhor ou senhora estaria me dizendo. A dificuldade de Zé em acessar a própria interioridade parece encontrar paralelo em pré-adolescentes ou adolescentes, nos quais vemos um característico modo precário de lidar com o excesso pulsional. Novamente Winnicott: perguntado sobre em que momento interpretava, dizia que falava muito, pois, se falasse apenas quando "soubesse", poderiam tomá-lo por oráculo ou qualquer outra figuração da onipotência. Raramente interpretava um adolescente, dizia, mas essas poucas vezes tinham grande poder transformador.

Poderia me imaginar com Zé numa conversa aparentemente sem pretensão analítica, como quem rabisca uma folha de papel (para usar a imagem de Freud) até que apareça a efígie na moeda embaixo da folha. Seria um "jogar conversa fora". Comentaria as *breaking news* sem as recusar, como falaria com uma criança, sem interromper o jogo. Poderia lembrar que nem todos os sonhos de que nos fala um paciente são a via régia para o inconsciente. Um sonho, insisto, pode ser o resultado parcialmente final de um longo processo; com frequência, é lembrado na sessão como fruto de trabalho analítico prévio – a interpretação precede a rememoração. A produção onírica pode se referir a momentos da relação analítica em que a posterior elaboração revelará alicerces de um desenvolvimento psíquico. Também teria presente um paralelo com a importância da iconografia cristã na nossa cultura: a imagem do Getsêmani, por exemplo, prescinde de legenda. É assim com muitos sonhos, que nesse caso são ponto de chegada. Podemos muitas vezes comemorar a própria formação de uma imagética onírica, ali onde antes o que havia era o caos.

Ainda uma anotação: tendo a não compartilhar da separação tão frequente entre defesa e verdade oculta. Gosto de pensar, com Didi-Huberman, que a casca da árvore faz parte do caráter da árvore. Posso reconhecer um guapuruvu mesmo sem ter estudos botânicos. Penso que, por largo tempo, Zé poderia utilizar sua analista como porto seguro ao redor do qual, muito lentamente (num processo como a cura do queijo, dizia Fabio Herrmann), nas frestas da proposta transferencial, surgiriam oportunidades de elaboração e construção de um espírito mais apto a lidar com as complexidades de seu mundo interno e mais apto também a fazer face à vida que o desafia.

Encerro com um agradecimento à disposição generosa de minha colega analista, a quem espero ter acompanhado ao menos um pouco em seus riscos.

Comentário de Ana Rosa Chait Trachtenberg

Tecendo uma teia

Recebi este material clínico, curiosamente denominado "Momentos de uma análise", com o convite para participar da seção "Debates clínicos", da revista *Percurso*.

Apesar da natural limitação da palavra escrita deste formato, ouso pedir que me acompanhem naquilo que os "Momentos de uma análise" foram evocando em minha mente.

Deixarei as ideias fluírem espontaneamente, sem nenhuma pretensão à coerência ou à articulação teórica. Minha leitura e comentários vão acontecendo simultaneamente, tecendo uma espécie de teia. Vejamos, juntos, aonde podemos chegar nesta viagem... Espero que possamos encontrar o aspecto lúdico que a brincadeira, quebra-cabeça de ideias, pode nos proporcionar. Entendo como uma busca conjunta do novo, lembrando que se trata de um viés parcial entre os muitos possíveis não excludentes que a leitura pode despertar. Tampouco pretendo armar o quebra-cabeça e, sim, apenas ressaltar os pontos que brilharam para mim.

Inicio com a impressão de que se trata de uma analista mulher, a quem chamarei Marisa.

Zé telefona pedindo análise e Marisa já nos transmite a sua impressão a respeito dele. Do primeiro encontro, Marisa nos informa que o sorriso de Zé *combina* com a impressão gerada pelo telefonema. Pareceu-me importante a escolha da palavra, pois Marisa evita nos falar de confirmação de sua impressão, o que vai nos deixando uma ideia de que Marisa está aberta, disponível para aquilo que se apresenta em Zé ou de como se apresenta Zé. Marisa está disponível para conhecer um Zé.

O clima é ameno e amigável. E algo, agora, *não combina*. Marisa não se precipita, apenas (!) escuta, intui. Algo *não combina...* Teria de *combinar*?

A tensão parece estar fora desse encontro, com a "síndrome do pânico" como um corpo estranho, mas logo aparecem referências de que há uma angústia que Zé não sabe explicar: "De modo inesperado, não sabe como nem por que, voltou a aparecer a angústia e os temidos momentos de pânico perante a morte. Por isso me procurou". Há uma pergunta no ar que perfuma (uso esta palavra a propósito, dou vivas para a pergunta, que é um verdadeiro perfume) o ambiente dessa dupla que vai se constituindo: Zé e Marisa. Também uso o verbo no gerúndio para ressaltar a importância do espaço do "entredois", que é um vir a ser, permitindo a criação de um trabalho vincular. Marisa, com particular abertura ao novo, não se mostra interessada, nesse momento, pela história infantil ou traumática de Zé, não busca causas ou explicações. Apenas o deixa chegar.

Com muita sensibilidade, tolerância e sem se deixar seduzir pelo Bom e Belo da vida que Zé tenta mostrar, Marisa vai reforçando a ideia de que algo *não combina*. Tolera sua inquietação, sua dúvida e vai nos convidando a trilhar esse caminho. Não se precipita em colocar nomes para o modo como se apresenta Zé. Acaso não serão esses desencontros os momentos mais férteis do encontro analítico?

Eu, leitora de Marisa e acompanhando como vai se constituindo essa dupla, lembrei-me de um filme já clássico: *A vida é bela* (1997), com direção e atuação de Roberto Benigni. O filme italiano transcorre durante a Segunda Guerra Mundial, quando o judeu Guido e seu pequeno filho Josué são levados para um campo de concentração nazista. Afastado da mulher, ele usa sua imaginação para fazer o menino acreditar que estão participando de uma grande brincadeira, com o intuito de protegê-lo do terror e da violência que os cercam no campo de concentração. Guido tenta mostrar ao filho que a "vida é bela", escondendo a cruel e ameaçadora realidade. O filme, em tom de comédia, é, na verdade, uma tragicomédia. O humor esconde a tragédia da ameaça de morte iminente. Pensei na "síndrome do pânico" de Zé, que sentia que podia morrer, entretanto, narrava como sua vida era "bela"! Um menino e um pai...

Os personagens Guido e Josué se confundem com Zé, que carrega ambos, mas tenta se convencer, sem sucesso, de que a vida é bela, onde não circulam angústias ou temores.

Marisa não se convence. Percebe que estão no cinema e que Zé necessita dessa *performance*. Estamos no território do desconhecido. E Marisa – com sabedoria e continência – aguarda, escuta.

Minha intuição me levaria a pensar em algo traumático... Terrorífico para Zé, como no filme...

Seguindo o que Marisa nos conta, aparece também uma menção ao "trazer de novo o sofrimento". Estaria Zé temendo uma retraumatização por meio de um contato afetivo com aquilo que está por trás ou por baixo ou ao lado de "a vida é bela"?

Marisa nos informa, com muita sagacidade, que "na minha escuta começam a aparecer perguntas sem muita conexão: nada parecido a uma narrativa". Peças soltas de um quebra-cabeça. Sopra o vento e a história segue bonitinha, agradável. E uma angústia que parece desconectada desse panorama.

A narrativa de Marisa continua e aparece que Zé se sente "encalhado", assim como a irmã, o que nesse contexto significa morar com os pais. Bem, a vida não é tão bela assim: morar com os pais, para Zé, é estar encalhado, limitado, preso; ele gostaria que fosse diferente. Estar na casa dos pais denuncia/esconde algum sentimento de desamparo?

Na sequência aparecem fortes relatos ligados ao trabalho e ao que Zé entende como injustiças em relação a ele, favorecendo "débeis mentais".

Marisa diz: "Amargo", ele reivindica: não necessita de padrinhos, nem antes nem agora ... Como num deslizamento sutil, a sedução habitual deixa transparecer sua face de conluio vingativo e dolorido. Zé não precisa deles. O que quer mesmo é que morram, que "sumam da sua vida". Finalmente Zé vai tomando contato com o lado escondido por Zé/Guido a Zé/Josué, como no filme *A vida é bela*. Muito bom sinal para esta dupla de trabalho Zé e Marisa.

Aparecem os sonhos, ligados ao pai morto, ocasião em que muitos de nós pensaríamos nos aspectos edípicos e no desejo de matar ao pai. Minha tendência, e me parece que Marisa segue nessa linha, é pensar predominantemente no desamparo vivido por Zé. Sua intensa angústia, seus sintomas de "síndrome do pânico", agora expressados em sonhos e palavras, me parecem pré-edípicos, vinculados a situações primitivas de amparo/desamparo. Estão ligados ao viver ou morrer, e não ao fálico/castrado. Há, claro, alguns elementos fálicos (carro forte e grande, por exemplo), mas me parece que o intenso é pelo primitivismo do viver ou morrer. Não por conta de um pai que mata, mas por conta de um pai que, se ausente, deixa o filho na intempérie do deserto gelado, do verdadeiro e ameaçador campo de concentração (filme).

Relata Marisa: "Meu pai cuida muito de nós: quer que tenhamos carros grande e fortes; é na hora dos acidentes que isso define a diferença entre a vida e a morte". Talvez um pai superprotetor, que blinda Zé frente aos terrores da vida, como Guido faz com Josué, sem saber que, procedendo assim, na verdade o fragiliza. Uma intensa angústia frente às passagens difíceis da vida – transições

– pode ter sido sinal de alerta e, ao mesmo tempo, pedido de ajuda para Zé. Transmite dessa forma sua fragilidade, buscando ajuda.

Por outro lado, um pai protetor, cuidadoso, mas talvez ameaçador na mente de Zé se este não for suficientemente Belo e Lindo e Inteligente etc., para ser merecedor do amor e do amparo. Qualquer "fraqueza" ou "debilidade", talvez para compensar (dentro do complexo fraterno) a "fraqueza da irmã", é vivida como uma decepção imposta, raivosamente, a esse pai. É um jeito de matá-lo, decepcionando-o em sua suposta expectativa narcisista. Como esse pai vingativo se torna vingativo frente à decepção? Causando uma morte iminente. Essa é a lei do narcisismo: matar ou morrer, não há estações intermediárias.

Bem, vou parando por aqui, não sem antes agradecer a este convite tão especial dos colegas da *Percurso*, assim como a "Marisa", por nos oportunizar este material clínico tão rico e vivamente relatado, esperando que minhas palavras um pouco soltas e espontâneas possam gerar outras. Quaisquer. Novas.

Caso 5: O caso Hilda[1]

Apresentador – Barbosa Coutinho
Comentadores – Anna Maria Amaral e Nelson da Silva Jr.

Apresentação de Barbosa Coutinho

Ao escolher o material a ser enviado para a seção "Debates clínicos", da revista *Percurso*, que vai ser submetido a comentários de dois outros psicanalistas, procurei ater-me, como solicitado por seu corpo editorial, ao processo analítico de uma paciente, aqui chamada de Hilda, que, entendo, oferece elementos para a discussão da prática clínica.

A narrativa de uma história clínica, como aqui me proponho, sempre foi uma questão ética para a psicanálise. De todas as soluções, acredito que a solicitação de autorização ao paciente para uma apresentação seja a pior. Todavia, o psicanalista, ao fazê-la, não se furta de ver-se frente ao dilema de disfarçar os dados do paciente, com grave prejuízo de sentido, tanto para quem lê o material como para quem o escreve, ou de proceder a uma narrativa um tanto novelesca, em razão da natureza da matéria.

---
1 Publicado originalmente em *Percurso*, 62, jun. 2019.

No caso Hilda, cuidei de me desvencilhar desses desígnios, procurando, o mais possível, sem descuidar de preservar a identidade da paciente, fugir da falta de sentido da narrativa e do modelo novelístico, ao buscar apresentar um material analítico que permitisse outras reflexões, compreensões e interpretações na prática clínica, tal o objetivo proposto.

Hilda, professora universitária, procurou análise no momento da separação do seu terceiro casamento. Do primeiro casamento, tem uma filha adolescente, chamada Lu. Pedro, de quem agora está se separando, esteve presente nos outros casos de separação. Hilda conta que tem o mesmo nome de uma tia paterna que, aos 9 anos, morreu de um processo infeccioso. Tal morte passou a fazer parte da tragédia familiar paterna, que teve início quando sua avó, enamorada de outro homem, abandonou a família, deixando para trás o marido e os filhos. O marido abandonado obrigou os filhos, entre eles seu pai, ao rompimento definitivo com a mãe, o que foi cumprido com extremo rigor. Recentemente, após muitos anos da ocorrência do fato, sua avó paterna retornou, na esperança de encontrar seus filhos, e estes se recusaram a revê-la. Hilda, no entanto, às escondidas, visitava-a e se desdobrava em cuidados à mãe não perdoada pelos filhos.

Desse relato, considerei muito importante o encontro com a avó. Com ele, pareceu-me que Hilda estava reescrevendo sua história familiar com um novo roteiro. Por trás da assiduidade com que Hilda cuidava da avó, penso que ela condensava duas personagens: a Hilda morta que agora reencontrava a mãe, papel que lhe delegara o inconsciente do pai ao lhe dar o nome da irmã morta, e a Hilda neta viva que procurava se aliviar do compromisso de ser a filha morta. Ou seja, ao cuidar da avó às escondidas do pai, Hilda submetia-se ao desejo do pai que a identificava com a irmã morta, ao mesmo tempo que mostrava seu desejo de se firmar como a filha viva, deixando de lado as identificações traumáticas com a morta. Numa fala, Hilda diz: "Minha avó está tão velhinha, tão frágil, eu abraço ela e fico pensando que ela foi uma mulher corajosa. Ela me beija e sempre diz: minha filha não deixe de vir amanhã. Ela diz sempre que fica feliz por eu ter o nome da filha dela". O fato de considerar o comportamento da avó não escandaloso nem condenável, mas corajoso, também pareceu-me apontar nessa direção – um desidentificar-se das concepções do pai e da família paterna. Hilda estaria, assim, lutando em duas frentes, sair da identificação com a tia e discriminar-se das ideias do superego ou ideal do ego do pai.

De sua infância, Hilda relatou que guarda a lembrança de um pai muito violento, que costumava ameaçar, com arma de fogo, os filhos e sua mãe que, em atitude passiva e temendo a violência do marido, estimulava-o a se ausentar de casa, desejando que ele continuasse a levar sua vida de muitas amantes. Vê-se que Hilda está presa à imagem de dois homens – o avô e o pai – ilimitadamente poderosos e autoritários.

Hilda, na minha compreensão, se vê compelida a repetir em seu casamento o padrão familiar. Além da identificação com a tia morta, também se depara com as identificações com a mãe e avó, mulheres submetidas à violência dos homens da família. Parece repetir a avó que se enamorou e abandonou o lar. Pedro, o eterno namorado, causa do rompimento de suas outras relações de casamento, tal qual seu pai fazia com a sua mãe, trata-a com violência: "Sua vagabunda, vadia, você saiu hoje com seu amante, você tem de fazer análise para tomar consciência do quanto você é má, mesquinha, narcisista e injusta".

Sua análise é cansativa; exige muito do analista que, às vezes, não tem como se esquivar do fato de que parece estar a praticar uma terapia de casal. Quando a paciente fala da loucura de Pedro, com quem tem diálogos ofensivos toda hora, esconde a sua própria loucura. Seu maior temor é ter de enfrentar mais uma separação, por receio de ter de se haver com sua participação no processo, com sua parte doentia.

Quando o analista concorda com suas opiniões sobre Pedro, a paciente se retrai. Já que é o analista quem faz essa demonstração, a paciente se alivia do próprio julgamento. Mas, se o analista parece fazer objeção a Pedro, estimulado por ela e, de alguma forma, incomodado com suas agressões e violência, Hilda se ausenta de suas questões com o marido trazidas para análise e, nesse momento, adota um ódio silencioso ao analista que demonstrou desaprovação ao comportamento dele. A paciente ora procura envolver o analista em suas brigas com o marido, como a procurar proteção amorosa, ora, contraditoriamente, devolve seu ódio ao analista por este ter se oposto a Pedro, de quem ela quer preservar as coisas boas da relação.

A análise dessa paciente tem uma transferência aparentemente amistosa, um vínculo de colaboração, um investimento sublimado para com o analista; só raramente a transferência aparece na forma negativa, carregada de elementos hostis, como resistência, quase sempre após alguma interpretação. Ainda assim, a paciente mantém uma aparente neutralidade afetiva com o analista. Seu amor e desamor estão circunscritos aos encontros/desencontros e prazeres/frustrações no casamento.

Nos fragmentos de sessão que serão apresentados a seguir, Hilda, de uma maneira histriônica e regredida, coloca-se muitas vezes como uma criança em busca de amor e amparo. O analista não reproduzirá aqui, de forma extensiva, o que foi falado por ele em cada momento da análise, mas de seus comentários se pode evidenciar a forma como entendeu, interpretou e transmitiu sua compreensão do material clínico à paciente.

Paciente: Nada mudou em minha vida. Passo o tempo me lembrando do Pedro. Só as coisas boas. Faço tudo o que tenho para fazer, mas só Deus sabe! Fui com a S., o marido dela e outros amigos, para o sítio. Não foi horrível. Mas bom não foi. Sábado, uma amiga que se separou há pouco tempo me ligou para irmos a uma boate. Levei a Lu porque a filha dela também ia. Eu nunca tinha ido a uma boate. A gente ficou até as cinco da manhã. Para onde me chamam eu vou. Mas não gosto. Mas ficar em casa é pior. O Pedro telefonou perguntando se a Lu não ia voltar ao psicólogo, porque ele estava achando ela muito triste. Que absurdo! Além de ele não ser pai dela, ... ela tem um pai cuidadoso e muito presente. No domingo teve o jogo do Brasil, ele ficou mandando mensagens para o celular dela: ... "Te amo", "Me espere, sinta como se estivesse ao seu lado vendo o jogo", "Beijos, te amo minha lindinha".

Disse à paciente que ela cria uma atmosfera de luto e sofrimento que, até certo ponto, não há. Que fala de uma dor, uma solidão, uma perda, que também não existe na dimensão dada por ela. Que, ao dizer ser sempre Pedro o motivo de suas separações, sua história demonstra não ser bem assim. A paciente nega as mudanças que estão ocorrendo pelo prazer infantil que os estados regressivos lhe proporcionam. Ela, identificada com sua filha Lu, não percebe seus próprios desejos eróticos (por seu pai, pelo analista), mas registra Pedro como perverso. No desenrolar da sessão, quando o analista faz colocações que Hilda entende como críticas e censuras a Pedro, estabelece-se uma parceria amorosa transferencial entre Hilda e o analista. Pedro e Lu estão num jogo sensual e incestuoso que, ao ser apontado, provoca outro jogo sensual e amoroso entre a paciente e o analista. Ela diz o que Pedro deseja, mas não diz o que Lu deseja, porque seria registrar não o desejo de Lu, mas o seu mesmo na relação com o analista.

> Paciente: *Estou sozinha em casa. Minha filha viajou. Vou passar o fim de semana sozinha. Assisti ao jogo do Brasil sozinha. Não vou fazer o almoço no sábado que sempre faço para a família. Ah! Meu pai ligou convidando para ir à casa de praia com ele. Eu disse a ele que não ia sozinha. Ele disse que o casamento com o Pedro não ia mesmo dar certo. Ele disse que tinha um remédio natural para o intestino e que ia levar para mim. Eu só sei que é péssimo ficar sozinha. Eu já me casei muitas vezes, mas sempre me separava pelo Pedro. Só no primeiro casamento não foi por causa dele.*

Nesses fragmentos de sessão, a paciente mostra a repetição que se dá numa relação idealizada (Pedro) e apresenta um pai cuidadoso e protetor (o remédio natural para o intestino), e ainda sugere uma situação de solidão e abandono para, desse modo, obter o amor do analista e sua companhia nos solitários fins de semana: "Ele me disse que o casamento com Pedro não ia dar certo", referindo-se à opinião do pai. No âmbito da relação analítica, o analista é frequentemente colocado por Hilda no lugar daquele que critica e não acredita em Pedro, obedecendo ao desejo inconsciente de ver repetir-se a reprovação do próprio pai a suas alianças amorosas.

> Paciente: *Minha vida está muito ruim. (Após longo silêncio.) Estão organizando uma grande festa e me convidaram. Vai ser muito animado. Eu não tive ânimo para responder. A minha vontade é não ir.*

> Meu ex-marido me telefonou e conversamos sobre a Lu. Ele ficou irritado com os problemas que ela está criando no intercâmbio, mas disse que eu não me preocupasse.
>
> Minha viagem para visitar Lu está a maior confusão. Nunca vi tanta desorganização numa agência de turismo. Eu já fui lá várias vezes porque quero modificar uns trechos da viagem e eles não resolvem. A moça me vendeu a passagem de forma errada e eu tive que gastar um tanto a mais desnecessariamente.
>
> (Depois de fazer silêncio.) Eu não dormi nada essa noite. Até aquilo que gosto, correr, eu não fui... Eu queria mesmo era arranjar um namorado... bem bom... (Silêncio.) Este fim de semana pensei em ligar para o Pedro, mas não vou fazer isto nunca... (Silêncio.)
>
> Eu estou falando pouco porque as coisas que estou pensando nada têm a ver com coisas daqui. Pensei nas aulas de ginástica que vou perder e não quero pagar. Pensei quando sair daqui passar na agência. O doutor L. disse que estou mais gordinha e voltei a ficar bonitinha.

Toda essa sequência de falas pertence a uma mesma sessão, sem interrupção do analista.

A paciente revelou que estava falando pouco porque o que estava "pensando nada tem a ver com coisas daqui"; "Eu queria arranjar um namorado bem bom"; "A aula de ginástica que vou perder e não quero pagar". Ela omitiu a sedução ao analista ("eu queria arranjar um namorado bem bom") voluntariamente (*Unterdrückung*).

O analista disse à paciente que ela parece sufocada pelo luto de Pedro e também pela ausência de Lu. Sem Pedro e Lu, não tem ânimo para ir à grande festa para a qual a convidaram nem para fazer o que mais gosta, correr. Ela precisa registrar a falta de Pedro, mas, sem lembrar seus aspectos ruins, o luto não se dissolve. No registro original de sua história o pai a maltratava, mas ficava com ela. Ela procura parcerias que repitam o trauma de violência familiar.

A problemática que Hilda vive na relação com o analista tem aspectos amorosos, mas também traços hostis. Pensando nessa linha, ela responsabiliza o analista por sua solidão, por seu desânimo e até mesmo pela separação de Pedro. Ela não deseja pagar as aulas de ginástica que vai perder, assim como não lhe agrada a ideia de pagar sessões não realizadas. Ela precisa garantir que está silenciosa porque "tudo o que está pensando não tem nada a ver com coisas daqui", em uma atitude clara de negação. Sua viagem para encontrar a filha no intercâmbio é fundamentalmente um distanciamento do analista. Por outro lado, ela procura uma aproximação buscando ser também a "bonitinha" dele, como é a "bonitinha" do doutor L.

Depois de muitas dificuldades no percurso da análise, a paciente aceita o convite de uma importante universidade e decide afastar-se por um mês. Apesar dos ganhos profissionais da viagem, há nítidos sinais de repetir, como atuação, a viagem da filha para o intercâmbio. No momento do retorno de Lu, Hilda decide fazer o seu "intercâmbio", deixando a filha na condição de abandono em que antes se encontrava. Também parece querer vingar-se do analista, a quem culpa pela separação de Pedro, ao mesmo tempo que toma distância de Pedro, deixando com este o peso do luto por sua partida.

Comentário de Anna Maria Amaral

> Para bem compreender a vida psíquica, é indispensável cessar de superestimar a consciência... Não pode haver fato consciente sem estádio anterior inconsciente, enquanto o inconsciente pode prescindir do estádio consciente e ter, entretanto, um valor psíquico. O inconsciente é o psiquismo ele mesmo e sua essencial realidade. Sua natureza íntima nos é também desconhecida tanto quanto a realidade do mundo exterior, e a consciência nos ensina sobre ele de uma maneira tão incompleta quanto nossos órgãos de sentido sobre o mundo exterior *(Freud, 1967, p. 520, tradução nossa, grifos nossos).*

A questão da exposição de um "caso" é um problema desde o nascimento da psicanálise. Freud, ele mesmo, relatou-nos vários de seus casos clínicos. Como revelar a narrativa de uma análise sem identificar o analisando? A psicanálise, além de clínica e teoria, é também um método e uma *tecné*, isto é, um saber fazer – que se impõe. Um relato clínico, em geral, revela-nos mais sobre o analista que o escreveu, sua técnica e a escola a que pertence do que sobre o seu analisando. É no relato que a criatividade literária do analista nos apresenta seu pensamento clínico. Apesar de Freud ser o nosso tronco mestre, muitos galhos fecundos surgiram após ele: Jacques Lacan, Melanie Klein, D. W. Winnicott, para citar apenas alguns, sabendo que muitos pós-freudianos deixaram contribuições inestimáveis.

Na psicanálise, uma escrita clínica deve levar em conta não apenas a apresentação do "caso" como também a metapsicologia que o envolve – uma escrita em que a clínica está presente, assim como um pensamento clínico. Há sempre certa distância entre o pulsional de uma análise e a escrita, pois é impossível dar a ver o que se passa na intimidade de uma sessão. Mas toda transformação, se for bem descrita, mostra a "verdade do caso".

Como podemos pensar num relato clínico que aborde o inconsciente? Podemos recorrer ao que Michele Montrelay chama de "campo flutuante":

> *Pensá-lo não em termos de um determinismo, de relação de causa e efeito, que se encadeariam, que se repetiriam de um modo inexorável no tempo, mas em termos de probabilidades . . . mais um conjunto de pulsões é posto em interação no seio de uma cumplicidade, mais os microssistemas auto-organizados que eles formam com seus representantes entram em ressonância, menos nós podemos prever com certeza, mesmo se nós conhecíamos as condições iniciais e seus limites, a maneira na qual ele vai se representar e menos ainda seu devir (1999, p. 31, tradução nossa).*

Uma das questões que mais chamou a minha atenção nessa apresentação foi a da transferência-contratransferência (transferência do analista). Em vários pontos do trabalho, o autor pensa nele mesmo como polo erótico ou falta dele e quase se queixa de que a paciente não faz essa ligação com ele:

> *No desenrolar da sessão, quando o analista faz colocações que Hilda entende como críticas e censuras a Pedro, estabelece-se uma parceria amorosa transferencial*

entre Hilda e o analista. Pedro e Lu estão num jogo sensual e incestuoso que, ao ser apontado, provoca outro jogo sensual e amoroso entre a paciente e o analista.

A transferência erótica é vista por Freud como transferência negativa, levando a análise a um compasso de espera ou, até mesmo, a um recrudescimento das defesas do analisando. Apenas um acolhimento silencioso por parte do analista mobilizaria o psiquismo de Hilda. A questão que se impõe é o que o analista deseja com o desvelamento da transferência erótica.

Outro ponto discutível da transferência do analista é o que se faz sentir em descrições como esta:

> *Disse à paciente que ela cria uma atmosfera de luto e sofrimento que, até certo ponto, não há. Que fala de uma dor, uma solidão, uma perda que também não existe na dimensão dada por ela... A paciente nega as mudanças que estão ocorrendo pelo prazer infantil que os estados regressivos lhe proporcionam.*

Segundo Fédida: "A sessão de psicanálise é um lugar de fala" ou, dito de outra maneira, "o psiquismo tem seu lugar na análise". O analista trabalha com significantes que podem ser frases, traços, lapsos, sonhos, e tudo isso ocorre na superfície da linguagem e vem se alojar na escuta do analista; se é "mentira" o sofrimento dela, não cabe ao analista denunciar. É a escuta do analista, suas pontuações e interpretações que vão permitir ao analisando sentir-se responsável por sua história sem tantas identificações e projeções. No decorrer de uma análise, o sujeito desliza por vários outros lugares prescindindo das interferências do analista.

Como já receitava o velho médico de Macbeth, citado por Green, à mulher louca de seu senhor: "Nesse caso o paciente ele deve se curar ele mesmo" (2002, p. 10).

Agradeço a Luciana Miranda Penna pela leitura atenciosa e pelas sugestões.

Referências

Freud. S., (1967). *L'interpretation des rêves*. Paris: PUF.

Green, A. (2002). *La Penseé clinique*. Paris: Editions Odile Jacob.

Montrelay, M. (1999). Être complice. In P. Guyomard (org.), *La disposition perverse* (pp. 13-43). Paris: Editions Odile Jacob.

Comentário de Nelson da Silva Jr.

Hilda e os três tempos de uma repetição

Gostaria, antes de mais nada, de agradecer aos colegas da editoria da sessão "Debates clínicos". Gostaria igualmente de expressar o meu respeito e admiração pelo sensível trabalho de análise e pelo relato preciso do analista de um caso particularmente difícil de sua clínica. Difícil, pois a estrutura e a intensidade dramática da repetição transferencial se revelam como particularmente recalcitrantes, apesar da relativa clareza dos movimentos que essa repetição introduz na situação analítica. Retomemos a história construída em análise por Hilda e seu analista, buscando sublinhar os elementos de sua estrutura singular de repetição.

O pai

A história de Hilda se inicia muito antes de ela nascer, na infância do pai e seus impasses. O evento inaugural dessa história ocorre quando sua avó se enamora por *outro homem* e se separa, deixando marido e filhos para trás. O avô de Hilda, marido traído, impõe aos filhos uma ruptura definitiva com a mãe. Uma primeira confusão de gerações acontece nessa imposição: a traição que sofreu como homem passa a ressignificar e tornar definitivo o abandono que seus filhos sofreram. A imposição de ruptura, ao se apresentar como *castigo merecido à mãe desnaturada*, vela a violência que ela implicava para essas crianças. De certo modo, essa violência se reverte em vingança, quando as crianças são alçadas à categoria de "marido traído", quando poderiam ser apenas filhos de pais separados.

Algum tempo depois, a morte de uma criança acontece: uma das irmãs do pai de Hilda morre, vítima de uma infecção fatal. A "causa oficial" dessa morte é aquela do abandono da mãe. Essa "causa oficial", uma vez que é incompleta e violentamente parcial em relação à história toda, já prenuncia toda a complexa trama que virá a seguir: como um fantasma, a morte da irmã dá voz à dor fatal que a separação da mãe causou ao pai de Hilda, assim como à impossibilidade de obedecer e de se identificar com seu pai, rompendo definitivamente com sua mãe. Dessa irmã morta, porta-voz fúnebre de sua dor, vem o nome de Hilda. Tal homenagem póstuma à irmã vale, portanto, como um sintoma, solução singular de desejos incompatíveis: por um lado, ela é um traço da dor recalcada e um apelo ao retorno da mãe, por outro, é uma acusação de homicídio endereçada a essa mãe. O pai de Hilda permanece preso nesse impasse.

Outra faceta desse mesmo impasse é a imposição feita por seu pai de ruptura com a mãe e a impossibilidade de se submeter a essa imposição. O nome de Hilda resume e reedita esse impasse e suas diversas facetas.

A filha

Retomemos a "causa oficial" da morte da primeira Hilda, tia da analisanda. Nem a imposição nem a infecção são causa da morte da menina, há apenas uma única culpada: a mãe/mulher arrebatada pela paixão e seu abandono da família. Uma equivalência entre mulher apaixonada e morte se esboça aqui, resultado de uma história mal contada. Sabemos que o pai de Hilda remeteu essa história mal contada à próxima geração, a sua filha. Vimos que, ao batizá-la com o nome da irmã morta, é feita uma demanda do pai à Hilda. Trata-se da demanda de um filho que foi incluído à força em uma vingança que não era sua, um filho que, ainda que ressentido com o fato de a mãe tê-lo abandonado, possivelmente não estava decidido *a nunca mais vê-la*. O rompimento definitivo com a mãe era uma exigência de seu pai, exigência assumida ao preço de um soterramento de seu desejo de revê-la. Os efeitos desse desejo são claramente parte, por exemplo, da decisão de Hilda de visitar a avó às escondidas. Além disso, sabemos que nessa nomeação, ele sublinha seu lugar de irmão enlutado e de filho rancoroso ("Está vendo, mãe, o que sua paixão causou?"). São essas as "demandas" paternas a Hilda, demandas feitas do lugar de um filho e do lugar de um irmão.

Quando a criança inconscientemente pergunta aos pais quem eles querem que ela seja, com as falas explícitas, ela obtém outras respostas, as inconscientes, que trazem consigo os lugares infantis dos pais. Poderíamos dizer que há, nas respostas que Hilda tem de seu pai, uma segunda confusão de gerações, pois Hilda, ao formular essa pergunta a seu pai, herda, com seu nome, outro lugar na composição familiar: ela não tem apenas o lugar de filha como também o de irmã morta-viva, como bem cunhou o analista, morta porque foi a vítima trágica de um abandono que todos sofreram, viva porque encarregada de expressar eternamente esse rancor/amor paterno para sua mãe.

Assim, essa nomeação traz efeitos perturbadores quanto ao lugar de Hilda em sua família, pois, se ela é *filha de seu pai*, a nomeação a coloca simbolicamente no lugar de *irmã*, o que implica uma horizontalização de lugares na interdição do incesto. Na experiência de Hilda, o pai possui dois lugares discrepantes e inconciliáveis: inconscientemente, irmão desamparado e, conscientemente, homem violento. Nenhum desses lugares é o melhor para sustentar uma interdição ao incesto. De fato, a mãe, acuada com as ameaças e a violência do pai de Hilda, incentiva-o a ter amantes. Não é difícil para uma criança nessa situação entender que a submissão da mãe estava fundada no medo, mas que disso não se origina respeito pelo pai. Com efeito, nenhum desses lugares – filho enlutado, irmão a ser vingado, homem violento e sem limites, marido temido e silenciosamente desprezado – é propício para representar e sustentar a função paterna típica da interdição edípica, que organiza o proibido e o permitido ao sujeito em matéria sexual, segundo uma ordem social à qual está submetido e que assume como sendo sua. Em outras palavras, em sua infância, Hilda teve um pai fraco, no sentido metapsicológico do termo. Estava lá, mas não era em si mesmo dotado de nenhuma potência digna de admiração. Apenas *outro homem* foge na história de Hilda dessas alternativas sem saída de seu lugar junto ao pai: o amante da avó.

Esse *outro homem* pode funcionar em vários papéis. Não apenas como amante digno do amor de uma mulher, na medida em que junto dele o desejo de uma mulher é legítimo e assim reconhecido como também como pai idealizado, capaz de estabelecer uma família. Ele existe, desde que seja vislumbrado através da fórmula negativa: *não é esse que tenho*. A fórmula essencialmente negativa constrói o lugar de uma figura sem rosto, que se contrapõe às figuras conhecidas, mas impossíveis, do masculino no imaginário de Hilda. Podemos ver aqui um dos polos de sua repetição, o polo objetal.

Trata-se de um arranjo precário aquele inventado por essa repetição, pois tanto a proximidade de um homem como sua distância são vividas como a condição de seu oposto: *esse homem* e *o outro homem* são mutuamente definidos em um maniqueísmo que organiza sua vida amorosa de modo mecânico, aparentemente automático, sem opções fora desse binarismo. Paralelamente, suas identificações oscilam entre aquela de mulher enamorada e frágil, à espera de ser salva de um homem violento, e aquela de mulher fatal, capaz de seguir seu próprio desejo sem medir as consequências. Hilda, no polo identificatório da repetição, oscila entre dois papéis: seja aquele de *encenar e reencenar* o enamoramento da avó por um homem que não é seu marido, terminando corajosamente seus casamentos sempre por esse *outro homem*, seja aquele da mulher infiel, que merece castigo e sofrimento por seu desejo excessivo.

A transferência

O desafio da análise de Hilda é o de, a partir da transferência e das intervenções, ajudá-la a se descolar desse sistema sem saída, no interior do qual busca uma solução para ser um sujeito e ser uma mulher. Mas, em princípio, uma repetição envolve estruturas psíquicas que incluem o ego e a consciência do sujeito em seu próprio movimento. Assim, desde já, gostaria de sublinhar a importância de diferenciar dois níveis do discurso de Hilda: o imaginário, narcísico e egoico e o automático da repetição.

Separar as elaborações secundárias do sujeito do mecanismo automático da repetição permitiria conceber a repetição como uma estrutura paradoxal, não coerente consigo mesma, e, portanto, inacessível em toda a sua extensão à compreensão egoica, compreensão que, na verdade, está condicionada aos polos identificatórios e objetais da repetição. Contudo, todos sabemos que isso não é tarefa fácil. Frequentemente, levamos ao pé da letra declarações dos analisandos como testemunhas de sua verdade interior. Desse modo, corremos o risco de pensar que essas declarações seriam independentes do mecanismo da repetição. Isso indica a importância de mantermos certa distância em relação ao lugar transferencial que os analisandos constroem em suas análises. Tais lugares, assim como declarações egoicas, são elementos parciais, mas inerentes ao ciclo completo da repetição. Nem sempre conseguimos levar em conta essa indissociabilidade entre o caráter repetitivo do lugar transferencial e as proposições egoicas dos analisandos, ainda que a tenhamos claramente diante de nós e que a percebamos com clareza.

No relato do caso Hilda, a fineza e a fidelidade da observação do analista permitem que localizemos um desses momentos, ao qual restrinjo meus comentários, em vista da restrição do espaço:

> Quando o analista concorda com suas opiniões sobre Pedro, *a paciente se retrai. Já que é o analista quem faz essa demonstração, a paciente se alivia do próprio julgamento. Mas,* se o analista parece fazer objeção a Pedro, estimulado por ela e, de alguma forma, incomodado com suas agressões e violência, *Hilda se ausenta de suas questões com o marido trazidas para análise e, nesse momento, adota um ódio silencioso ao analista que demonstrou desaprovação ao comportamento dele.*

> *A paciente ora procura envolver o analista em suas brigas com o marido, como a procurar proteção amorosa, ora, contraditoriamente, devolve seu ódio ao analista por este ter se oposto a Pedro, de quem ela quer preservar as coisas boas da relação (destaques meus).*

Como vimos, a repetição de Hilda tem uma estrutura narrativa que envolve duas figuras masculinas opostas, mas mutuamente determinadas. Na repetição transferencial, essas figuras surgem em dois tempos. Primeiramente, quando se apresenta como vítima, demandando ao analista que a salve. Nesse primeiro tempo, o analista está no lugar do *outro homem* idealizado. Em seguida, quando identifica o próprio analista ao algoz e assume uma postura crítica em relação a ele. Nesse segundo tempo, o analista é colocado no lugar do homem opressor. Pedro, em paralelo e simultaneamente, é primeiramente o algoz e, em seguida, o *outro homem*.

Talvez em vista de não levar em conta a inclusão do ego da paciente em sua repetição, o analista se vê envolvido nessa cena transferencial e acaba atuando, a cada vez, os papéis oferecidos pelos lugares transferenciais. De qualquer modo, vemos no trecho anterior que a transferência é tomada como se lhe fosse pessoalmente endereçada e que o ego da paciente é tomado como um aliado: o analista ora sente pena da vítima, ora se enraivece contra Pedro. Desse modo, o analista encarna aqui um papel já descrito no roteiro de Hilda e encenado anteriormente pelo próprio Pedro em seus dois lugares: primeiramente tem o papel do *outro homem*, cuja figura idealizada tem a função de salvá-la de um casamento opressor; em seguida, ao assumi-la como sua mulher, Pedro deixa de ser esse *outro homem* e, na falta de outros papéis, só lhe resta aquele do homem opressor.

Uma alternativa possível seria aquela de privilegiar, nas intervenções, a repetição como um todo, isto é, a indissociabilidade dos dois lugares do homem, aquele do homem opressor (marido/pai/avô) e aquele do *outro homem* (amante da avó/Pedro), em suas sucessivas encarnações. Talvez esse tipo de intervenção permitisse certo grau de emancipação tanto do analista como de sua paciente em relação às repetições que os constrangem.

Caso 6: Territórios e fronteiras: por onde pisa o psicanalista de crianças?[1]

Apresentadora – Ane Marlise Port Rodrigues

Comentadoras – Eliana Rache e Audrey Setton Lopes de Souza

Apresentação de Ane Marlise Port Rodrigues

A situação relatada aconteceu há quase trinta anos. Podemos pensar que se tratava de uma analista iniciante, sem experiência suficiente para manejar "mais analiticamente" a cena posta em ação.

Mas, se fosse hoje, faria diferente?

Lembro-me de ter exposto o ocorrido a colegas. Os comentários oscilavam desde "eu jamais faria isso", "não é papel do analista", "a mãe teria de ser encarregada" até "conseguiste transformar merda em adubo". Numa direção de comentários, parecia que eu estava violando fronteiras do enquadre, em outra, sentia-me com maior espaço para pensar livremente.

Naqueles tempos, o conceito de *enactment* não era tão presente em nosso meio, e tudo o que saísse da conduta convencional e esperada para um psicanalista era catalogado como atuação.

---

[1] Publicado originalmente em *Percurso*, 63, dez. 2019.

Transitar entre várias fronteiras torna-se o dia a dia do psicanalista de crianças e adolescentes. Depara-se com e é desafiado pela interseção dos territórios do intrapsíquico e do intersubjetivo, com as relações de domínio entre pais e filhos, entre irmãos e familiares, com a escola e com outros profissionais envolvidos no atendimento, entre outros possíveis territórios e fronteiras a transitar.

Por onde pisa Cátia?

Ao abrir a porta da sala de espera e convidar Cátia para atravessar o corredor e entrar na sala de análise, deparo-me com a mãe, sentada na cadeira, parecendo novamente exaurida pela filha e dizendo: "Para, Cátia! Vai pisar tudo com cocô! Ela pisou num cocô de cachorro lá na rua e vem pisando por tudo. Olha, aí! Já encheu o tapete da A. de cocô!".

Cátia, agora perto dos 6 anos, dirige-me um olhar de quem sabe o que está fazendo. Depois, olha para o tapete no qual segue pisoteando. Faz um movimento de entrar no corredor interno e na sala de atendimento, no embalo de pisotear por tudo (fica levantando e baixando os pés como quem carimba o tapete).

Vejo-me dizendo que, para entrar, teria de tirar os tênis. Primeiro diz que não vai tirar, mas, em seguida, concorda. Desamarro e tiro-lhe os tênis, levando-os nas mãos, com o tapete da sala de espera.

Já na sala de atendimento, digo-lhe que hoje ela tinha vindo com muita vontade de pisar com cocô por todo o meu chão e o meu tapete. Dá um sorriso de quem concorda e diz que tirei os tênis dela.

A: Sim, tirei, para te ajudar a não encher todo o chão de cocô e porque, pelo jeito, não ias conseguir parar sozinha. Tua mãe também não conseguiu te ajudar a parar, ela não tirou o teu tênis.

C: E agora tu limpas o tênis para mim?

A: Vem, vamos até a pia do banheiro, podes me ajudar.

Pego um lápis e vamos ao banheiro. Sob o olhar atento da menina, que faz que não com a cabeça quando lhe alcanço o lápis para me ajudar, vou tirando cocô das ranhuras de seu tênis sob a água da torneira. Vai apontando onde tem e pede que tire tudo. Está muito atenta e fica contente quando terminamos.

Enquanto estamos "nesse trabalho", digo-lhe que fiquei pensando em "por que será" que ela tinha se aproveitado tanto do cocô do cachorro na rua para tentar encher as minhas coisas de cocô.

C: Não sei, mas deu vontade.

A: Também não sei, mas lembrei que, da última vez, saíste bem brava comigo.

C: É mesmo!!

A: Lembra por quê?

C: Não lembro bem. Alguma coisa quando a gente brincava.

A: Uma coisa que aconteceu é que não te obedeci quando querias mandar em mim. Não fiz tudo o que querias.

Relata o momento em que arrancou a boneca da minha mão porque não pus nela o sapatinho que queria. Eu quis escolher o sapato, e Cátia não aceitou.

Vínhamos trabalhando em como desejava ter sempre o comando e o controle: eu jamais poderia contrariá-la, por exemplo, escolhendo as cores com que pintaria o meu desenho enquanto ela pintava o dela ou as roupas da boneca. Sempre teria de perder os jogos para ela. Frequentemente, tapava com suas mãos os ouvidos quando eu falava algum pensamento que me ocorresse para introduzir algum significado no brinquedo ou jogo.

Nesse momento, nada respondeu, mas parecia ter ouvido. No primeiro ano de seu tratamento, por várias vezes, eu tinha a sensação de que não me escutava. De fato, ocorria de não me ouvir, imersa em um mundo à parte do qual me excluía. Ou, quando me incluía, sentia-me mais como uma extensão sua do que alguém com existência própria. No decorrer do segundo ano de tratamento, já se conectava mais com a minha fala.

Sem me ouvir, sem ter de pensar, sem ter de se perceber e de me perceber, não precisaria mudar nada em seu funcionamento hermético, autoritário, violento, onde se isolava num mundo em que se sentia muito só. Sentia-se poderosa pelo medo que a mãe tinha dela, pelas dificuldades dos pais em contê-la e transformar seus estados de desorganização.

Pego um pano para secar seus tênis. Vejo que está muito satisfeita quando me olha e diz: "Obrigada, A.". Respondo: "Gostas muito quando a gente te ajuda a segurar essa brabeza cheia de cocô. Te sentes cuidada e mais calma. Ficar sozinha com tudo isso é bem ruim".

Saímos do banheiro para a sala de análise. Pede uma casa de madeira para brincarmos de família. Repete uma brincadeira anterior na qual os pais têm um filho que tiraniza a todos, e eu vou sendo os outros personagens. Quando inventou essa brincadeira, exigia que eu obedecesse a suas orientações. Mas, a essa altura, já suportava melhor algum obstáculo à realização de todas as suas vontades e acontecia de eu não cumprir com suas ordens por meio de algum personagem.

Há dois anos em tratamento, vinha tolerando melhor que eu fosse um outro, diferente dela.

Antes de chegar a mim, fizera avaliações neurológicas devido a sua impulsividade e ataques de raiva, quando quebrava várias coisas. Tinha muitas brigas com os pais, irmãs mais velhas, colegas e professores. Dificilmente aceitava algum limite. A medicação receitada pelo médico foi interrompida pelos pais por acharem que não estava fazendo efeito. Havia tentado um tratamento anterior, mas já de início mostrou seus ataques de fúria nas sessões "quebrando o consultório da terapeuta" (sic), que encerrou a avaliação, dizendo que o caso era "químico".

Por ocasião de sua primeira sessão comigo, aos 4 anos, a mãe entrou puxando a filha para dentro à força. Cátia estava furiosa e agredia a mãe com socos e pontapés. Não queria ter vindo. Já dentro da sala, arremessou um relógio (tipo despertador, que uso para verificar o tempo da sessão) contra a parede, quebrando-o em pedaços.

A mãe, imediatamente, começou a catar os pedaços do relógio. Vou na direção da menina, que parecia solta no espaço, num quadro de agitação e fúria. Instintivamente, segurei seu corpo, sentei-me no divã, entrelaçando-a com minhas pernas e braços. Ela se debatia, tentando me morder, dar cabeçadas e se soltar.

Falei mansamente e devagar: "Como Cátia ficou assustada em vir na A.! Também nem me conhecia! Já tinha ido a outros lugares e não estava gostando nada disso. Está muito zangada". Também lhe disse que não sabia por que ficava tão furiosa, não só ali comigo como também em sua casa, no colégio, nas festinhas de aniversário de colegas. Mas que talvez, juntas, poderíamos descobrir e entender o que acontecia com ela.

Quando me dei conta, estava falando em tom bastante suave e nos embalando, sentada no divã. Aos poucos, foi se acalmando e pediu que a soltasse. Ao soltá-la, novamente tentou quebrar coisas e tive de contê-la por mais duas vezes nessa sessão.

Nas entrevistas iniciais com os pais, a mãe dizia que tinha medo da filha e que não conseguia ter domínio algum sobre ela. O pai reagia à agressividade da filha dando-lhe palmadas ou colocando-a de castigo, trancada no quarto. Os pais eram vistos regularmente e já estavam conseguindo dar mais limites e continência à filha por ocasião da cena na sala de espera. Sentiam-se perdidos e perplexos com o comportamento da filha. Em grau de intensidade menor, lembravam a avó paterna que era muito briguenta e impulsiva.

Posteriormente ao "dia do cocô", numa sessão de sexta-feira, quis fazer bolas de jornal que prendíamos com fita adesiva em volta, dando um formato esférico.

Durante a semana, havíamos trabalhado em sua maior percepção de que em minha vida existiria um outro, um marido. Não havia, até então, imaginado essa possibilidade. Sua reação havia sido de espanto, de surpresa, mais que de ciúmes. Já podia me perceber mais separada dela e entender que, além disso, na minha vida existissem outros além dela. Também começaram a aparecer pesadelos com figuras de ladrões que invadiriam a casa e matariam alguém. Considerei o surgimento dos pesadelos como um grande progresso, pois até então não aparecia esse tipo de material onírico.

Voltando às bolas de jornal, quis uma brincadeira em que cada uma jogaria as bolas na outra. Enquanto brincávamos disso, o assunto era o fim de semana e o que cada uma de nós faria. Conta que iria passear com os pais e irmãs, visitar os avós noutra cidade. Quer saber o que vou fazer.

Pergunto se imagina que vou passear com alguém, já que ela vai passear com a sua família. Responde: "Garanto que vai passear com teu marido!". Nesse momento começa a jogar as bolas de jornal com raiva e força em mim. Digo: "Nossa! Ficou mais brava comigo depois de imaginar que eu ia passear com meu marido. Até parecem bolas de cocô!". Diz, bem satisfeita: "Aí tu ias ficar toda cheia de cocô e fedorenta e teu marido não ia te querer". Sigo: "E eu ficaria só para ti! Quanto ciúme!".

Uma organização mais neurótica, com maiores possibilidades de triangulação edípica, de figurabilidade e de simbolização, começa a se fortalecer e a emergir. No final da sessão, estamos as duas rindo daquela brincadeira. E fomos cada uma para o nosso fim de semana.

Método analítico *versus* técnica

Em reuniões clínicas, comenta-se uma maior presença de pacientes com estruturas não neuróticas, em que predominam mecanismos de defesa como a cisão/*splitting*, em vez do recalque. Os excessos traumáticos (também traumas narcísico-identitários, descritos por Roussillon) estariam predominantes sobre as configurações neuróticas, quando a criança alcançou transitar pelo complexo edípico e desenvolveu a latência. A latência entendida como uma organização psíquica em que o ego se encontra diferenciado do outro, o superego está desenvolvido como herdeiro do complexo de Édipo, e é possível ter recursos estruturais para ingressar na cultura, saindo da endogamia para a exogamia.

Mesmo que mantenhamos o método analítico (com a associação livre, a atenção flutuante e o trabalho na transferência) para acessar os derivativos que chegam do inconsciente, recebemos pacientes com quem a possibilidade de associação livre será resultado do trabalho analítico desenvolvido anteriormente, por tempo indeterminado e variável caso a caso. Portanto, as variações da técnica clássica, já criativamente introduzidas pelas pioneiras na psicanálise infantil pela técnica do brincar e do jogar, seguem desafiando o psicanalista que recebe casos de não neurose, tanto crianças como adolescentes e adultos.

No início de seu tratamento, Cátia pedia papel e canetinhas para desenhar. No entanto, esse material servia de veículo de descarga de tensões e de sua descrença em si mesma e no outro (como possibilidade transformadora de seus sofrimentos). Sistematicamente, a folha de papel acabava toda furada e rasgada, e as canetinhas tinham suas partes destruídas.

O caminho para um uso mais simbólico do papel e dos seus desenhos ainda teria de ser percorrido por mais tempo, mas sua impulsividade já estava em vias de maior contenção. Ficou bem feliz quando conseguiu desenhar o contorno de um parque de diversões com brinquedos dentro. Comentei que naquele momento já dava para desenhar e brincar mais, pois já suportava melhor quando o desenho não saía exatamente como queria e sabia que eu poderia ajudá-la, se quisesse. Também disse que, quando sua mãe não ficava assustada com sua brabeza (via que eu não ficava), ela a segurava e a acalmava e seu pai não batia nela nem a trancava no quarto, sentia-se bem mais tranquila, como se fosse num parque para brincar.

O transgeracional

O trabalho com os pais, em sessões mensais, acolhia as queixas, o desânimo e a falta de esperanças de melhoras da filha. O pai a comparava com sua própria mãe, que sempre fora impulsiva e batia nos filhos. Tivera uma relação conflituosa com ela. Referia que ela só melhorara depois da meia-idade, quando aceitou ir ao psiquiatra e tomou medicação estabilizadora de humor.

Mostrava-lhe como essa relação difícil com sua mãe se atualizava com a filha. Só que agora quem batia era ele. Era bastante acessível e queria melhorar a relação com Cátia. Sentia-se muito triste quando batia, podendo identificar-se com a filha em seus choros e gritos (ele-filho que apanhava da mãe).

Quanto à mãe da paciente, já estava em tratamento individual quando trouxe a filha. No entanto, seu tratamento não alcançava modificar seu medo das crises de fúria de Cátia. Somente em sessões sistemáticas (na época, uma sessão por mês no primeiro ano de tratamento e, depois, mais espaçadas) com o marido ou sozinha, pudemos entender que temia ser violenta com a filha se usasse sua força. Não se imaginava capaz de ser firme sem ser violenta. Na família da mãe, não havia histórico de violências. Seus pais eram percebidos como adequados. Algo de uma tendência à passividade na avó materna era percebido na mãe de Cátia. Pensamos que sua passividade poderia estar encobrindo seu temor de ser violenta na abordagem das crises de fúria da filha.

No decorrer de poucos meses, os pais já haviam mudado o manejo dos momentos difíceis, contendo fisicamente e conversando com a filha até que se acalmasse.

Numa linha mais kleiniana, pela qual iniciei meu aprendizado, a ênfase era o trabalho do intrapsíquico com a criança, sem maior espaço para os pais. Nessa época, contudo, já me agradava a abordagem de Winnicott, que considerava que o contexto psíquico dos pais influenciava primariamente os problemas e as capacidades dos filhos (não eram somente projeções e reintrojeções de fantasias inconscientes, dentro de um universo de objetos externos e internos). Porém, a inclusão cada vez maior dos pais no trabalho analítico com crianças ou adolescentes foi se dando aos poucos na minha clínica, na medida em que a clínica mostrava que o paciente fazia parte de um campo transgeracional em que traumas e conflitos não elaborados passavam de geração em geração. Isso não quer dizer que os problemas da criança sejam mero sintoma da patologia parental. Considero que o paciente também contribui com sua carga pulsional e suas possibilidades egoicas nos destinos de sua neurose ou de sua não neurose. No entanto, é inegável o poder da mãe e do pai (e do ambiente e da cultura) sobre o pequeno ser em desenvolvimento.

Sessões conjuntas do paciente com ambos os pais, com mãe e pai em separado, com avós ou babás tornaram-se mais uma das ferramentas técnicas no trabalho com crianças e adolescentes. Muitos avanços na área da psicanálise de crianças e adolescentes são possíveis pela abordagem da área vincular e transgeracional.

Do quantitativo pulsional ao qualitativo: a busca pelo objeto em Cátia e Marcos

O objeto é fundamental na continência e transformação de angústias e conflitos e na construção das estruturas psíquicas do ser.

Conforme o relatado anterior, a intensidade pulsional de Cátia não encontrava na mãe nem no pai a possibilidade de transformação de quantidades (excessos, raivas, fúrias) em qualidades (qualificação simbólica por meio de palavras, desenhos, brincadeiras e jogos). O medo que a mãe sentia da filha deixava Cátia cada vez mais assustada com a própria agressividade. A impossibilidade da mãe de contê-la deixava-a vivenciando agonias terríveis e primitivas, como ficar solta no espaço sem ter onde se agarrar (cena em que quebrou meu relógio na primeira sessão de análise, quando a mãe foi em direção ao relógio quebrado, deixando-a solta no espaço). Tampouco o pai conseguia tranquilizar a filha, pois revivia os fantasmas da relação com uma mãe violenta e repetia o traumático ao bater na própria filha.

Foi necessário criar um novo espaço, na linha de um espaço potencial e de uma área intermediária, para que Cátia, sua mãe, seu pai, o fantasma da avó paterna e outros personagens pudessem entrar em cena e, com a analista, fossem transformando o quantitativo, com os excessos traumáticos, em qualidades simbólicas, sonhos, elementos úteis para o fantasiar, para o brincar e para a vida onírica e de relação com o outro.

No trabalho com Cátia, houve forte envolvimento e investimento afetivo dos pais no tratamento da filha, resultando em grandes evoluções e amadurecimentos de todos.

Já Marcos encontrava-se em situação bem mais difícil. Seu pai não aceitava que o filho necessitasse de tratamento psíquico. Dizia que o filho só precisava fazer esportes e que a mãe do menino era responsável por todos os problemas dele.

Falhas importantes em ser sentido, contido e pensado pela mãe e pelo pai desde bebê ativaram em Marcos ódio e sadismo intensos, não adequadamente intermediados pelas figuras parentais. Esse menino de 9 anos nunca tivera um amigo, estando sempre sozinho no pátio da escola ou na sala de aula. No entanto, mostrava seu lado saudável e vital nas sessões quando brincava, buscando o contato com seus objetos e comigo.

Seus pais separaram-se quando tinha 4 anos. Permaneciam fazendo acusações e queixas mútuas desde então e não davam esperanças de que essa situação pudesse mudar. A mãe referiu ter um diagnóstico de depressão. O pai mostrava-se obsessivo e rígido em suas rotinas, com pobre alcance subjetivo. Morava com a madrasta de Marcos, a qual já tinha filhos de outro casamento e um filho com o pai. A madrasta não aceitava a presença de Marcos em sua casa. Além de ciúme, não gostava dele, achando-o muito esquisito. O pai encontrava com o filho no clube e em *shoppings*.

Sessão com Marcos

Estávamos no quarto mês de tratamento com três sessões semanais. Havíamos montado o cenário do personagem João, que seria ele mesmo com 16 anos, sem amigos e cercado por vários animais. Adorava cavalos, cães e gatos. No início da brincadeira, há uma tentativa de encontrar amigos, que o teriam convidado para uma festa. O personagem vai até o local onde seria a festa. No entanto, eles o enganaram, dando o endereço errado. Decepciona-se imensamente, retorna à casa e vai brincar com seus animais. No cenário, temos ainda os bonecos de pano representando um pai, uma mãe, um irmão menor, uma irmã bebê e uma empregada. Eu me encarregava dos outros personagens, segundo ia me orientando nas falas e nas condutas.

Primeiramente, fazia festas somente entre João e seus animais. Esses iam ficando mais violentos, ao que lhe dizia que estava começando a soltar os seus bichos, as suas feras. Quando, após certo tempo, perguntei se não ia deixar o irmão entrar na festa, primeiro recusou, mas depois permitiu. Deixou que montasse o cavalo e o fez cair; o boneco do irmão quebrou um braço e as pernas e ficou um ano na cadeira de rodas. O personagem da madrasta foi mandado para a prisão, depois para um planeta distante para nunca mais voltar; por último, ele declarou que ela estava fora do jogo, que não existia mais na brincadeira: "Ela não existe mais" (sic).

As brincadeiras de cunho sádico em torno do personagem do pai adquiriram forma e pareciam expressar a busca de Marcos por um pai que registrasse verdadeiramente a sua existência. Colocava o personagem do pai sempre deitado na cama ou vendo televisão: "Ele é muito parado, não se mexe para nada" (sic). Ordenou a seus animais que jogassem bombas perto do pai e no pai. Eu disse: "Queres fazer ele se mexer, nem que seja machucando". Com as bombas, o pai teve uma perna quebrada e passou a andar de muletas.

Devido ao intenso frio com neve e gelo que foi tomando conta do sítio onde ficava a casa, queria que seus animais pudessem dormir dentro da casa. O pai estava de pé, perto da janela. Seguia dizendo que não fazia nada. Refere, então, que a calça do pai caiu (baixando a calça do boneco), mostrando sua cueca, que era vermelha. Nesse exato momento, o animal que vai entrar em casa é um touro que, vendo o pai com a cueca vermelha, atinge-o, furando com seus chifres suas nádegas, seu ânus e seu corpo. O pai vai ao hospital para tratar dos muitos ferimentos. Penso que, frente à fragilidade materna, busca o pai, mesmo que sob roupagem sádica. Mesmo que a cena nos remeta a aspectos da sexualidade de Marcos, parece predominar uma forte vivência de desamparo.

Digo: "Esse pai não se mexe e deixa seu filho João tão sozinho com seus animais; agora foi castigado por ele. E que castigo!". Marcos concorda com a cabeça. Sigo: "Noutras vezes, tu também ficas tão sozinho com a mãe, e a mãe muitas vezes está triste que nem quer sair de casa". Ele concorda novamente. Observa-se que Marcos tem de lidar com a falha materna já anterior à paterna. Reclamava da mãe por não sair para passear com o cachorro ou para outras atividades fora de casa.

Nessa brincadeira, a mãe cuida da nenê, trocando fraldas e dando seu "mamá". Mas os filhos se reportam à empregada sempre que querem alguma coisa.

Penso que nesse movimento de Marcos em torno do pai existe seu desejo por ele; o desejo pelo objeto que falta e que está além da mãe. A meu ver, está pedindo que o retire das indiscriminações com a mãe ou que o salve quando ela está em seus períodos de desinvestimento depressivo. Mas o pai, em geral, tem uma postura queixosa. Diz que as mulheres são muito mandonas ou ciumentas e infantis e que o melhor é não se meter com elas. Sem contar com o pai e desamparado em muitos momentos pela mãe, aumenta sua retração narcísica e, por vezes, parece preferir a apatia e a indiferença, como num desejo de não desejo. Diz: "Queria entrar para dentro de uma cúpula de vidro, não sair lá de dentro e não precisar me relacionar com ninguém" (sic).

Quando Marcos mostra-se sádico em sua brincadeira, ainda está lutando pela vida e pelo objeto. Mas a impossibilidade do objeto pode reativar o pulsional sádico e/ou narcísico (volta para o ego).

Numa de suas raras iniciativas de interação com colegas, Marcos está num *shopping* passeando com o pai, num sábado à tarde. Lembra que alguns colegas de aula estarão no cinema às 18 horas, pois vão assistir a um filme ao qual também gostaria de assistir. O pai reclama por ele não ter avisado antes, para que pudesse se organizar. Diz que pode deixá-lo às 18 horas e telefona para a mãe ir buscá-lo às 20 horas. Ela se recusa a sair de casa. Resultado: o pai o deixa na casa da mãe e Marcos não vai ao cinema.

Sabemos que, mediante o seu discurso, a mãe introduz o pai ao filho. Mesmo com a ausência ou morte do pai, ele permanece como inscrição psíquica no filho quando convocado pela mãe para ocupar seu lugar simbólico: sua função paterna. Conforme Lacan, esse pai simbólico, ao intervir na relação dual imaginária entre mãe e filho, liberta-o da relação indiferenciada e incestuosa com a mãe. Porém, Aulagnier lembra que o desejo do pai também conta, não sendo apenas a mãe que o convoca.

Com Marcos, estamos no campo das dificuldades do ser, das cisões e retrações narcísicas com suas imensas feridas, com intensas vivências de desamparo. A triangulação necessita desenvolver-se mais. Temos uma detenção em seu desenvolvimento. É preciso trabalhar na construção do próprio ego e buscar ajudar os pais nas difíceis tarefas de parentalidade, em que a diferenciação deles com seus próprios pais e com seus filhos também necessita encontrar um território de transicionalidade e criação do novo.

Quando Marcos aceita o tratamento, gosta de vir às sessões e me coloca no lugar de vários personagens, brincando comigo; penso que mostra sua esperança de encontrar os seus objetos e de ser encontrado, mesmo com enganos e endereços errados no seu caminho. Quer a intermediação do objeto para lidar com a intensidade de seus afetos e busca por brincar, falar e pensar na sessão, dando comigo significado a dolorosas vivências. Há períodos em que parece ter desistido e que não pareço alcançá-lo, e dói muito. Nesses momentos, falo do que sinto: que estou muito preocupada com ele, que está muito longe, que parece que não vai voltar para brincar e conversar comigo, que deve estar sofrendo muito para querer se fechar tanto assim. Como se fosse para sua cúpula de vidro. Reage incrédulo: "É mesmo, tu tá preocupada assim?".

Finalizando

Freud, no "Projeto" (1895), articula o enfoque econômico-quantitativo dos estímulos exógenos e endógenos sobre o aparelho psíquico com aspectos qualitativos: formação de barreiras antiestímulos e da memória; defesas; períodos de consciência e a percepção de qualidades; condição livre ou ligada de quantidades e processo primário e secundário; a ação específica para a experiência de satisfação por meio do auxílio alheio etc.

Nas releituras desse texto de Freud, o papel fundamental do auxílio alheio (mãe ou cuidador) frente à imaturidade e ao desamparo da criatura humana é destacado. A barreira antiestímulos também é entendida como a possibilidade de a mãe usar seu processo secundário em contato com o processo primário de seu bebê para dar conta de quantidades de desprazer e dor em busca de alívio e transformação.

O conceito de *rêverie*, introduzido por Bion, coloca o objeto diretamente implicado nas transformações de elementos beta em alfa, para o desenvolvimento do psiquismo e da pensabilidade, aumentando a capacidade simbólica.

O psicanalista em geral, mas o psicanalista de crianças e adolescentes em especial, transita atualmente em territórios mais vastos e alargando suas fronteiras, sendo cada vez mais exigido em seus recursos intrapsíquicos e em suas capacidades de relação com os múltiplos outros do campo da realidade.

Considero que o psicanalista atual está mais solto e autorizado a entrar nas cenas propostas pelo paciente e seus familiares, exercendo papéis (*enactments* referidos por Cassorla) sobre os quais tem de pensar e buscar entender. Assim, esse agir torna-se importante parte da compreensão da dinâmica emocional em jogo, desde que se dê conta do que está se passando no campo analítico. As análises do analista mais longas e aprofundadas, aliadas a uma maior instrumentação teórica e técnica, permitem que "se brinque" mais livremente no espaço do tratamento.

É fundamental a presença de outros para estabelecer ligações entre o cindido/recalcado e a palavra, fazendo com que um sentido possa emergir.

Tanto Cátia como Marcos eram crianças que mantinham esperanças em encontrar sentidos e uma melhor compreensão de suas manifestações emocionais ou condutas. Puderam levar-me em seus caminhos, fazendo-me andar por territórios desconhecidos e repletos de mananciais de sentidos, ampliando as fronteiras de nossas vivências.

Comentário de Eliana Rache

De volta para o futuro

Agradeço à revista *Percurso* por ter me convidado a participar de "Debates clínicos" e a tratar de um tema instigante sobre a clínica de crianças: continua ela a ser igual ou teria mudado nesses trinta últimos anos?

Para localizar o trabalho do analista de crianças, o título do texto é sugestivo: "Por onde pisa o psicanalista de crianças?". A resposta pode ser captada no uso mais singelo de nossa associação livre na sessão apresentada logo na sequência. Uma criança, tipo indomável, adentra o consultório, cocô no sapato, provocação nos olhos, vai pisando e borrando por onde passa. Sim, justamente onde pisa o analista. Creio que está respondida a pergunta que compõe o título. Desde sempre, é sabido que é o analista de crianças (apesar de não lhe ser uma prerrogativa) quem deve estar pronto para pisar nos mais diferentes terrenos.

No início não era bem assim. O terreno kleiniano, escrupulosamente delineado, dizia-nos que tínhamos de caçar a agressividade presente nas pobres criaturas. Projeção/introjeção era a dança programada, tendo por parceiros a mente da criança e alguma outra tela projetiva. A bússola expressa pela relação mãe-bebê orientava como e quais os elementos – fezes, urina, leite – entravam e saíam do corpo da criança em sua relação com a mãe, sendo o valor de troca dado pelo sinal positivo ou negativo, de acordo com a experiência boa ou má.

Acompanho o trabalho primoroso de nossa colega aqui apresentado, nos idos dos anos 1990 colorido pelo "frescor" (*freshmindness*) próprio de uma jovem iniciante no trabalho com seus pequenos pacientes. Para os padrões da época, vejo-a desenvolta, rompendo os cânones – "lavando os tênis do pequeno paciente". Para os padrões de hoje, vejo-a perfeita. Nesse sentido, pareceu-me um movimento tipo "De volta para o futuro", o que está hoje em seu trabalho clínico já tinha estado lá trinta anos atrás.

Na primeira sessão apresentada, respingos existem de marcas da época em que era kleiniana: a analista refere-se a ela (analista) e à paciente pelos nomes próprios de cada uma: "Como Cátia ficou assustada em vir na A.!". Isso era uma prática absolutamente natural, o que deixava as chamadas "interpretações" distantes, como que recitadas em um palco. Também fui acometida desses modismos. Mas como fazer diferente? Era a maneira de assim nos sentirmos verdadeiramente sacramentadas pelo grupo de analistas. O que fui deduzindo ao longo do tempo, à medida que fui declinando dessa prática, era que, para não colocar em evidência a pessoa verdadeira do analista nem daquela criança que estava ali de carne e osso, era necessário criar uma atmosfera na qual não se usasse pronomes pessoais. Se a analista entrasse no lugar do "eu" e o paciente no lugar de "você", ficaria comprometida toda a pureza que deveria envolver a transferência. Outro tipo de interpretação era aquele que transformava as emoções das crianças em "cocô" e "xixi" porque, ao se apresentarem dessa maneira, ficariam consagradas na ordem do arcaico incontestável, apoiando-se na teorização das equações simbólicas preconizadas por Segal, nos idos dos anos 1960. Nesse mote, ouvimos nossa analista introduzindo "bolas de cocô" onde apenas a paciente a atacava com muita raiva por constatar que ela não era propriedade sua. De fato, as bolas eram atiradas com muita raiva, mas não precisavam ser de cocô para transmitir a dimensão agressiva.

Se não tivesse existido Klein, Bion, Winnicott e tantos outros, os analistas de trinta anos atrás não poderiam ter a liberdade de criar suas compreensões num diálogo inexaurível com todos eles. É o que nos conta A.: num percurso iniciado nos moldes kleinianos, logo o ambiente é convocado e os pais passam a fazer parte constitutiva do tratamento das crianças. Em termos pedagógicos, estaria justificado dispensar os pais do tratamento se somente o superego parental fosse delegado ao superego do analista. Se assim o fosse, nesse tipo de funcionamento cujas raízes pedagógicas têm em Anna Freud sua origem, não estaríamos com nosso pensar psicanalítico bem acessado para o trabalho.

O que teria acontecido com Cátia se assim tivesse sido? Teria visto na analista uma cópia de sua mãe ou de seu pai e seu comportamento continuaria igual – ela apenas teria ido para a "professora" psicóloga. Como compreender que o pai de Cátia fazia uma identificação com o agressor, sua própria mãe, e ficava infligindo em Cátia aquilo do que ele mesmo tinha sido vítima, isto é, dos ataques impulsivos de sua mãe? E quanto à mãe de Cátia? Ela sabia que tinha medo de Cátia, o que Cátia sabia também. Entretanto, o que não passou desapercebido ao arguto olhar da colega é que, para a mãe, firmeza era igual violência, ser firme seria se opor a Cátia, contrariá-la, frustrá-la, levantar a impulsividade da menina... Optava por não usar sua agressividade já que não sabia dosá-la. Com certeza, enfrentar Cátia seria ter de enfrentar sua agressividade, que era o que ela realmente temia.

Sem termos acesso a esses dados emocionais dos pais, não temos como desenredar aspectos psíquicos mesclados entre todos os integrantes da família e devolver o que é de quem e, com isso, liberar a criança para que ela, pouco a pouco, se aproprie do que lhe pertence. "Isso não quer dizer que os problemas da criança sejam mero sintoma da patologia parental", como nos diz a colega, e, de fato, a criança tem de fazer respirar seu *self* verdadeiro em seu *new beginning* com a ajuda do analista.

Considero esse tópico do grupo parental ser recebido pelo analista de criança que está sendo tratada condição *sine qua non* para o bom resultado da terapia de criança/adolescente. A primeira questão de receber os pais está no fato de poderem ter contato com a pessoa que está tratando de seu filho e se sentir também acolhidos, com segurança para investir no tratamento. Haja vista o trabalho delicado feito por A. na ajuda aos pais de Cátia, o que não pôde ser realizado com os pais de Marcos.

O quadro de Marcos (9 anos) era mais difícil. Não só começara a análise mais tarde que Cátia (4 anos) como seus pais ainda mantinham acesas as farpas raivosas de uma separação mal resolvida. Neste último caso, seria necessário um investimento muito grande, pelo menos de um dos pais, para que o tratamento de Marcos pudesse vingar. A mãe deprimida não tinha a energia da qual o menino poderia se beneficiar. Se não conseguia ter luz nem para sua lamparina, como dedicá-la ao filho? Como entrar num espaço para ouvir falar de seu filho, aquele que nunca teve seu olhar? O pai, por seu lado, estava acomodado em sua nova família, não precisando de nada mais senão que Marcos não o ocupasse. Por meio de uma falsa atividade exuberante, estabelecia o que era bom para o filho: esportes e se livrar da depressão da mãe. Por aí, vemos o quanto sua entrada para um espaço onde outras "verdades" iriam ser ditas mostrava-se bastante distante.

Na minha clínica foi entrando primeiramente a mãe do paciente. Aí eu estava numa linha winnicottiana na qual "o bebê não existia ... sem a mãe". E devo a Winnicott a entrada para sempre do objeto, do ambiente e do outro na minha compreensão teórico-clínica. Pouco a pouco foram entrando as "funções", e a pergunta era "quem exerce a função de mãe?" entre as babás, as tias e até o pai. O horizonte se alargava para saber quem poderia ocupar esse lugar que antes só cabia às mães. Mas, além de tudo isso, alguma característica do psiquismo da mãe poderia estar sendo complementária ao do pai, encobrindo áreas de seu próprio psiquismo e muitas vezes obnubilando o da própria criança.

Voltemos à clínica do caso Cátia. Era a agressividade o fio solto mais evidente – motivo da queixa. A mãe de Cátia negava sua própria agressividade, mas seu marido facilmente se tornava agressivo. No momento em que a mãe de Cátia começar usar sua agressividade, seu marido terá de conduzir melhor a dele. Terá início um tipo de circulação de agressividade alinhada de outra maneira no espaço entre o casal, e Cátia se beneficiará dessa situação. No caso de Marcos, pergunto-me o quanto da própria depressão negada do pai, escondida atrás de sua rigidez obsessiva e bravatas do tipo lugar-comum, não estava depositada na mãe de Marcos. Comecei a levar em conta essa abordagem da área da vincularidade, que foi me trazendo um enriquecimento e, mais, uma segurança no trabalho com crianças e adolescentes.

O transgeracional foi também acrescentado como ferramenta indispensável aos grupos parentais. A colega se deteve mais no trabalho do transgeracional e, como estou plenamente de acordo com os pontos alegados, apenas tenho a me congratular com ela quanto a seu uso.

Por isso, hoje, quando recebo uma criança ou adolescente digo aos pais que eu começo minha avaliação por um mapa das relações emocionais, ou, numa linguagem mais moderna, por uma rede de conectividades entre os diversos membros da família. E, nesse sentido, vou começar a fazer perguntas que podem parecer estranhas a eles, mas é como vou poder conhecer a criança que chega, que nada mais é senão a semente de todas essas encruzilhadas afetivas emocionais.

Além desses arranjos, que foram sendo feitos no *setting* da análise de crianças e adolescentes, nossa colega muito bem pinçou da clínica os pacientes não neuróticos dimensionados nessa clínica da contemporaneidade.

Conhecidos primeiramente como pacientes *borderline*, pacientes-limite e, agora, não neuróticos, eles se impuseram ao mostrar uma sequência de processos psíquicos típicos de sofrimentos narcísicos identitários, reconhecidos em crianças, adolescentes e adultos. O desenho dessa clínica foi se configurando tendo o trauma como figura central, cuja violência, ao arrastar consigo aspectos do psiquismo para fora do circuito constitutivo do eu, comprometem-no em sua função de se apropriar de si mesmo – falta em Ser. Além disso, tais clivagens ocasionam dois funcionamentos distintos do psiquismo de forma simultânea: uma delas segue as regras do princípio do prazer/desprazer, num imbricamento pulsional, cuja especificidade está na representação; a outra é a não representada, que, sob a égide da pulsão de morte, segue os destinos da compulsão à repetição, dificultando qualquer ligação simbólica. É justamente assim que o inconsciente não recalcado se manifesta por meio do não representado em expressões como sensações, percepções, impulsos motores ou atos. Essas configurações, por não apresentarem representações, convocam o trabalho do negativo que se faz presente na contratransferência do analista e cuja habilidade consiste em saber o momento para introduzir as "construções faltantes". Portanto, no trabalho com crianças, como nos dois casos aqui apresentados, esses processos não representados ficam mais evidentes que em adultos.

No caso de Cátia, vejo a questão da impulsividade, por onde entramos no sofrimento narcísico identitário em dois tempos diferentes. No momento da primeira sessão, a desorganização dos impulsos toma conta do quadro. A excitação não consegue ser transformada em pulsão e seguir seu caminho transformando-se em fantasia. Vejo uma perturbação inicial, talvez ainda do tempo da preocupação materna primária, na incapacidade da mãe de Cátia de fazer o *holding* e o *handling* da menina, o corpo a corpo inicial de segurar e largar dentro de uma harmonização afetiva entre as duas, comprometendo o investimento das pulsões na relação, com consequências sérias para o desenvolvimento. Ao não se estabelecer o circuito das pulsões de vida, vão ser descarregadas predominantemente na ação. A primeira sessão é paradigmática nesse sentido. Cátia não queria ter vindo, "estava furiosa e agredia a mãe a socos e pontapés ... arremessou um relógio ... contra a parede, quebrando-o em pedaços". Na verdade, quando a mãe foi catar os pedaços do relógio, não tinha condição de perceber que era a filha em pedaços que precisava ser contida, o que providencialmente foi realizado pela analista. Segurando-a contra seu corpo, dava o contorno físico tão necessário à integração (tão bem trabalhada por Winnicott!) de Cátia. Mas dava muito mais ainda com as palavras, no ritmo que ia imprimindo nesse corpo a corpo do embalar, até que Cátia "foi se acalmando e pediu que a soltasse". Depois de dois anos de trabalho analítico e do desenvolvimento de Cátia, sua impulsividade está diferente. Apresenta-se contida dentro de um domínio sádico sobre o objeto (analista), conforme o texto nos indica: "Vínhamos trabalhando em como desejava ter o comando e o controle: eu jamais poderia contrariá-la". E, se voltarmos para a sessão do cocô, acompanhamos a provocação agressiva na forma do desafio à analista – "dirige-me um olhar de quem sabe o que está fazendo" – e segue largando os impulsos ritmados nas carimbadas de cocô no tapete do consultório. As relações ainda sob a óptica narcísica do objeto mostram a dificuldade no trabalho com Cátia.

Como já foi dito, o tratamento de Marcos era mais difícil não só pela falta do acompanhamento familiar como pela situação de desamparo psíquico em que se encontrava. As situações traumáticas que carregam consigo, clivagens cindindo o funcionamento psíquico, podem ser observadas quando Marcos simultaneamente personifica, encena o brincar com bonecos e mostra que tem condições de representar, ou se retrai, não se representa, como diante das consequências da não ida ao cinema, sua dificuldade de se ligar e ter amigos. São os aspectos em carne viva de seu psiquismo que ainda não encontraram uma pele simbólica para que, com o analista, fizesse esse trabalho de simbolização primária.

Comentário de Audrey Setton Lopes de Souza

Quero iniciar agradecendo o convite para participar desta iniciativa que propicia o diálogo com a clínica, a meu ver, parte imprescindível do aprendizado da psicanálise.

Também desejo ressaltar a relevância do debate sobre a clínica com crianças na dimensão proposta pela analista: "Territórios e fronteiras: por onde pisa o psicanalista de crianças?". Há muito tempo, tenho conversado com colegas sobre a importância de discussões sobre o que fazem os analistas de crianças (e de adultos) em sua clínica, uma reflexão sobre a teoria da técnica, à luz dos novos aportes teóricos que cada vertente psicanalítica nos proporciona.

Quando nos propomos a partilhar experiências clínicas, recebemos narrativas e, como novos leitores, as interpretamos como um encontro entre a nossa sensibilidade e a intenção do narrador. O que pretendo apresentar é, antes de tudo, certa forma de escuta que pode emergir deste material. Reforço também a riqueza desta possibilidade de troca de olhares entre modalidades de escuta.

Agradeço também a liberdade e coragem da analista de nos apresentar este rico material que nos convida a "transitar entre várias fronteiras", tornando-se "o dia a dia do psicanalista de crianças e adolescentes". Ao discutir sobre "por onde pisa Cátia", nos convida a refletir por onde pisam os analistas de crianças.

Seu relato se inicia apresentando as reações da mãe de Cátia às manifestações de sua filha. Seu desespero e impotência lançam luz sobre a importância da dimensão intersubjetiva para a construção de um objeto interno continente. A psicanálise contemporânea tem se debruçado sobre o papel do objeto como regulador das emoções e seu importante papel na construção das simbolizações. Tais insuficiências de simbolização geram manifestações, predominantemente, através do corpo ou do ato, e não raro confrontam o enquadre analítico e seus recursos, como a clássica posição de neutralidade, o silêncio e a inatividade do analista, as regras do *setting* etc.

Ao apresentar sua narrativa, a analista vai tecendo hipóteses e construções teóricas com as quais concordo em grande parte. Escolhi, como recorte, pensar este material privilegiando o que considero uma "clínica viva do pensamento kleiniano", as modificações técnicas oriundas das contribuições dos pós-kleinianos. Vou destacar as contribuições de Bick (1991) para compreender os efeitos das primeiras relações na constituição de um objeto continente, capaz de acolher as identificações projetivas e as ameaças de desintegração, vivenciadas no início da vida. Nessa fase a dependência do objeto é absoluta; a separação é experimentada como a perda de partes do próprio corpo.

A autora destaca que o bebê, no início de sua vida, graças ao uso da identificação projetiva e às qualidades de *rêverie*[2] da mãe, vive uma ilusão de continuidade com ela e, portanto, não é confrontado com a realidade da separação. Por outro lado, repetidos descompassos afetivos na dupla trazem à luz, precocemente, a realidade de corpos e mentes separadas entre o bebê e sua mãe; provocam perturbações no desenvolvimento da pele psíquica e podem levar à constituição de uma "segunda pele" pela qual "a dependência do objeto é substituída por uma pseudoindependência, pelo uso inapropriado de certas funções mentais, com o propósito de criar um substituto para esta função de pele continente" (Bick, 1991, p. 195).

Pensando por esse vértice, o desespero da mãe de Cátia poderia ser significado como uma impossibilidade de acolher as identificações projetivas de sua filha, devolvendo a ela seu desespero e desesperança sem qualquer possibilidade de digestão dessas experiências emocionais, colocando em relevância o papel do analista nessas situações e nos convocando a refletir sobre os desafios do campo analítico na atualidade e sobre as possibilidades de flexibilização do enquadre e do lugar do analista, quando nos vemos implicados, como objetos, nos processos constitutivos.

Trata-se de uma clínica na qual a intervenção psicanalítica deve dirigir-se para a possibilidade de criação de algo novo, que

---

2 Esse termo foi adotado por Bion (1988b) para se referir a um estado mental de receptividade da mãe que lhe permite acolher as emoções projetadas por seu bebê e dar-lhes significado. A ideia é que o bebê, por meio da identificação projetiva, insere na mente da mãe um estado de ansiedade e de terror sentido como intolerável e ao qual ele é incapaz de dar sentido. A partir da introjeção dessa mãe receptiva e compreensiva, a criança é capaz de desenvolver sua capacidade de refletir sobre seus estados mentais.

nunca esteve no campo psíquico, e não só para o que foi esquecido; significa conceber a análise como campo de construção de um objeto continente.

A descrição da analista de como pôde acolher as manifestações de sua paciente e seu sapato cheio de cocô, mostrando que não se assustou com ela, contendo-a e propiciando-lhe uma experiência de segurança, de poder encontrar-se com alguém que a ajuda a digerir suas sensações insuportáveis de ódio e perigo de dependência, culmina com sua fala que, a meu ver, traduz a importância da experiência analítica na construção desse novo objeto continente: "A: Gostas muito quando a gente te ajuda a segurar essa brabeza cheia de cocô. Te sentes cuidada e mais calma. Ficar sozinha com tudo isso é bem ruim". Também mostra todo o esforço necessário antes da construção de uma interpretação, como há um grande trabalho a ser realizado entre a dupla paciente-analista, antes que a interpretação, em seu sentido mais usual, possa ser formulada.

O outro recorte clínico apresentado pela analista também aponta nessa mesma direção, ao mostrar a importância do lugar do analista que, desde a primeira sessão, se coloca ativamente contendo a agressividade da criança para poder, depois, conversar com ela. Precisou ativamente segurá-la para poder, em outro momento, formular: "Como Cátia ficou assustada em vir na A.! Também nem me conhecia! Já tinha ido a outros lugares e não estava gostando nada disso. Está muito zangada". Além de lhe apresentar seu projeto analítico: "Também lhe disse que não sabia por que ficava tão furiosa, não só ali comigo, como também em sua casa, no colégio, nas festinhas de aniversário de colegas. Mas que talvez, juntas, poderíamos descobrir e entender o que acontecia com ela".

Estamos no campo do trabalho com a transferência negativa, campo no qual se situam os trabalhos pós-kleinianos sobre contratransferência e sobre a comunicação em análise de crianças e pacientes mais comprometidos (Spillius, 1988/1990). Tais trabalhos apontam para modificações técnicas decorrentes do uso clínico do conceito de identificação projetiva.

Em 1946, Klein (1991) apresentou sua teoria da identificação projetiva, mostrando que a projeção pode se dar para dentro do objeto, alterando sua identidade, ampliando o conceito de transferência e, por consequência, o de contratransferência.

Bion (1988a, 1988b) retomou esse conceito e estabeleceu uma diferenciação entre identificação projetiva normal (ou realista) e anormal. Ele destacou o papel comunicacional dessa identificação projetiva, que consiste em introduzir no objeto um estado mental, como um meio de comunicar-se a respeito desse estado. Acho sempre importante destacar que essa comunicação só é possível se encontra aquele que a acolhe e decodifica. Tal visão interpsíquica foi logo estendida para a sala de análise, para a relação analista-analisando, ampliando a compreensão da contratransferência.

Esse modelo de interação não verbal, característica da relação mãe-bebê, põe o analista no lugar daquele que exerce a função de acolher e transformar, por meio de sua *rêverie*, as experiências não digeridas de seus pacientes, num trabalho muitas vezes para além das palavras.

Outra perspectiva a ser destacada nesta análise é o sempre necessário trabalho com os pais, que precisam ser auxiliados em suas dificuldades de contenção das angústias de seus filhos. Fica claro em seu relato a dificuldade desses pais em exercer sua função de *rêverie* e como, enredados em suas dificuldades transgeracionais, se viam impedidos de desenvolver sua parentalidade.

O conceito de parentalização refere-se ao processo pelo qual passam os pais para permitir que se tornem pais de seus filhos. Nesse trabalho interno, vivenciam profundas transformações identificatórias nas quais são reeditados conflitos antigos. A partir desses vínculos afetivos, construídos nesse interjogo interno e relacional, é constituído o processo de subjetivação da criança. No processo de construção da parentalidade estão envolvidos aspectos psíquicos inconscientes que são transmitidos por gerações: aspectos intergeracionais e transgeracionais. Vemos no relato apresentado como esses pais são inundados por questões relativas a sua experiência arcaica, em aspectos que muitas vezes não foram elaborados, o que dificulta que sustentem o lugar parental necessário à sua filha.

Nesse sentido, o trabalho com os pais torna-se primordial, e concordo com a analista quando aponta que:

> *a intensidade pulsional de Cátia não encontrava na mãe nem no pai a possibilidade de transformação de quantidades (excessos, raivas, fúrias) em qualidades (qualificação simbólica por meio de palavras, desenhos, brincadeiras e jogos). O medo que a mãe sentia da filha deixava Cátia cada vez mais assustada com a agressividade própria. A impossibilidade da mãe de contê-la deixava-a vivenciando agonias terríveis e primitivas, como ficar solta no espaço sem ter onde se agarrar (cena em que quebrou meu relógio na primeira sessão de análise, quando a mãe foi em direção ao relógio quebrado, deixando-a solta no espaço). Tampouco o pai conseguia tranquilizar a filha, pois revivia os fantasmas da relação com uma mãe violenta e repetia o traumático ao bater na própria filha.*

Todo o trabalho de construção desse objeto continente na análise, aliado ao trabalho com a família, permitiu que Cátia pudesse caminhar em direção à simbolização de suas experiências, à renúncia ao modelo de relação bidimensional e à entrada em um modelo tridimensional que permite a emergência do triângulo edípico.

Passemos à reflexão sobre as questões da análise de Marcos, um menino de 9 anos, praticamente sem amigos, e que começa a ser apresentado pela analista desta forma: "Já Marcos encontrava-se em situação bem mais difícil. Seu pai não aceitava que o filho necessitasse de tratamento psíquico. Dizia que o filho só precisava fazer esportes e que a mãe do menino era responsável por todos os problemas dele".

Considerando a disponibilidade familiar para um trabalho analítico, não há como discordar da analista, mas, no que se refere às produções associativas de Marcos, encontramos um panorama bem diferente. Antes de pensar no conteúdo de suas brincadeiras, quero destacar sua capacidade de simbolização, que o permite expressar-se de forma a dar acesso ao conteúdo de suas angústias e fantasias nas quais podemos perceber, além do aspecto sádico, uma gama de significações que remetem às relações com seus objetos e a seu anseio e esperança por novas relações.

A esperança, expressa no contato com a analista, é, a meu ver, diferente dos contatos iniciais de Cátia, que precisou da esperança inicialmente *na* e *da* analista para, após a confiança construída na relação com ela, poder emergir para um modelo tridimensional de mente.

O relato da analista revela um ambiente familiar no qual prevalecem rivalidades entre os pais e uma dificuldade para dar lugar às manifestações de Marcos, como um terceiro descolado dos conflitos familiares; ele encontrou esse lugar com a analista.

Marcos parece ter escolhido um modelo de retração de suas relações, por temer não conseguir lidar com suas fantasias sádicas decorrentes das dificuldades, as suas e as de sua família, para dar lugar a fantasias agressivas; porém, encontra no ambiente analítico um espaço para representá-las e transformá-las. Tenho muitas dúvidas se essas são dirigidas ao pai real ausente ou se, na relação transferencial, reclama pela possibilidade de um terceiro (pai ou mãe) que o escute além da rivalidade entre eles. Em um universo em que desvitalizadas possibilidades identificatórias lhe são oferecidas, Marcos se retrai, mas busca, no seu trajeto com a analista, um espaço para a construção de si mesmo.

Referências

Bick, E. (1991). A experiência da pele em relações de objeto arcaicas. In E. Spillius, *Melanie Klein hoje: desenvolvimento da teoria e técnica* (Vol. 1, pp. 194-198). Rio de Janeiro: Imago. (Trabalho original publicado em 1967)

Bion, W. R. (1988a). Ataques ao elo de ligação. In W. R. Bion, *Estudos psicanalíticos revisados*. Rio de Janeiro: Imago. (Trabalho original publicado em 1959)

Bion, W. R. (1988b). Uma teoria sobre o processo de pensar. In W. R. Bion, *Estudos psicanalíticos revisados*. Rio de Janeiro: Imago. (Trabalho original publicado em 1962)

Klein, M. (1991). Notas sobre alguns mecanismos esquizoides. In M. Klein, *Inveja e gratidão e outros trabalhos (1946-1963)*. Rio de Janeiro: Imago. (Trabalho original publicado em 1946)

Spillius, E. B. (1988/1990). *Melanie Klein hoje: desenvolvimento da teoria e técnica* (Vol. I e II). Rio de Janeiro: Imago.

Sobre os organizadores

Sérgio Telles – Psiquiatra, psicanalista e escritor. Membro do Departamento de Psicanálise do Instituto Sedes Sapientiae, onde coordena o grupo "Psicanálise e Cultura" e é editor da seção "Debates Clínicos" da revista *Percurso*. Membro da Associação Brasileira de Psicanálise de Casal e Família e da Associação Internacional de Psicanálise de Casal e Família. Tem artigos publicados em revistas especializadas e escreve na grande imprensa. Autor de vários livros, entre eles *Posto de Observação – Reverberações psicanalíticas sobre cotidiano, arte e literatura* (Blucher).

Beatriz Teixeira Mendes Coroa – Psicóloga pelo Instituto de Psicologia da USP. Psicanalista membro do Departamento de Psicanálise do Instituto Sedes Sapientiae. Co-oeditora da seção "Debates Clínicos" da revista *Percurso*. Co-coordenadora de atendimento psicanalítico grupal a médicos residentes da FMUSP, através de acordo entre Associação de Residentes e Instituto Sedes Sapientiae.

Paula Peron – Psicóloga e psicanalista pelo Instituto Sedes Sapientiae, doutora em Psicologia Clínica pela Pontifícia Universidade

Católica de São Paulo (PUC-SP), membro do Grupo Brasileiro de Pesquisas Sandor Ferenczi. Professora assistente do curso de Psicologia da Faculdade de Ciências Humanas e Saúde da Pontifícia Universidade Católica de São Paulo (PUC-SP). Co-organizadora do livro *História de Mulheres - leituras psicanalíticas* (Zagadoni) Organizadora do livro *Sujeitos da Psicanálise – Freud, Ferenczi, Klein, Lacan: diálogos teóricos e clínicos* (Escuta). Co-editora da seção "Debates Clínicos" da revista *Percurso*. Tem capítulos nos livros *Freud e o Patriarcado* (Hedra) e *Atendimento psicanalítico da depressão* (Zagodoni).

Sobre os autores

Alejandro Luis Viviani – Psicanalista. Desenvolve atividades clínicas e teóricas. Coordena grupos de estudo sobre teoria freudiana e lacaniana e realiza seminários clínicos.

Ana Maria Trapé Trinca – Psicóloga. Mestre e doutora em Psicologia pela Universidade de São Paulo (USP). Psicanalista e membro associado da Sociedade Brasileira de Psicanálise de São Paulo (SBPSP). Professora assistente doutora do curso de Psicologia da Faculdade de Ciências Humanas e Saúde da Pontifícia Universidade Católica de São Paulo (PUC-SP). Coordenadora do núcleo Clínica psicanalítica de crianças: atendimento individual e em grupo. Autora de várias publicações, incluindo o livro *A intervenção terapêutica breve e a pré-cirurgia infantil* (Vetor Editora, 2003). Tem como referências teóricas básicas autores clássicos da psicanálise, como Freud, Klein, Winnicott e Bion. Tem consultório em São Paulo (SP), onde exerce atividades de atendimento e supervisão em psicanálise.

Ana Rosa Chait Trachtenberg – Médica psiquiatra e psicanalista. Membro titular com função didática, fundadora e ex-presidente da Sociedade Brasileira de Psicanálise de Porto Alegre (SBPdePA). Cofundadora do núcleo de vínculos da SBPdePA. Integra comitê de educação da International Psychoanalytical Association (IPA). Ter formação analítica pela Asociación Psicoanalitica de Buenos Aires, na Argentina. Coautora dos livros *Transgeracionalidade: de escravo a herdeiro* (Casa do Psicólogo, 2005) e *Por que psicanálise vincular?* (Criação Humana, 2018). Membro da Associação Brasileira de Psicanálise de Casal e Família (ABPCF).

Ane Marlise Port Rodrigues – Médica Psiquiatra – UFRGS. Psicanalista. Membro titular com função didática e docente da Sociedade Brasileira de Psicanálise de Porto Alegre. Psicanalista de Crianças e Adolescentes pela IPA. Professora convidada e supervisora do Curso de Especialização em Psicoterapia de Orientação Analítica e do Curso de Atualização em Psicoterapia da Infância e Adolescência do Centro de Estudos Luís Guedes – Departamento de Psiquiatria da Faculdade de Medicina da UFRGS.

Anna Maria Amaral – Psicanalista membro do Departamento de Psicanálise do Instituto Sedes Sapientiae, onde foi professora e supervisora do curso de Psicanálise.

Audrey Setton Lopes de Souza – Psicanalista. Membro efetivo da Sociedade Brasileira de Psicanálise de São Paulo (SBPSP) e professora do Instituto de Psicanálise da SBPSP. Membro do Departamento de Psicanálise da Criança no Instituto Sedes Sapientiae, onde é professora. Doutora em Psicologia pela Universidade de São Paulo (USP). Docente aposentada do Instituto de Psicologia da USP. Autora de escritos psicanalíticos em livros e revistas especializadas.

Barbosa Coutinho – Graduado em medicina pela Universidade Federal do Ceará (UFC). Formação psicanalítica pela Sociedade Psicanalítica de Recife (SPR), em Pernambuco, onde se filiou à International Psychoanalytical Association (IPA). Tornou-se membro efetivo e analista didata da Sociedade Psicanalítica de Fortaleza (SPFOR), no Ceará.

Chaim Katz – Psicanalista aposentado e escritor. Membro titular da Academia Brasileira de Filosofia. Ex-professor de inúmeras faculdades, autor de nove livros e coautor de mais de cinquenta.

Daniel Delouya – Psicanalista didata da Sociedade Brasileira de Psicanálise de São Paulo (SBPSP), presidente da Federação Brasileira de Psicanálise e autor de artigos e livros de psicanálise, como *Depressão, estação psique* (Escuta, 2002) e *Torções da razão freudiana* (Unimarco, 2005).

Decio Gurfinkel – Psicanalista, membro do Departamento de Psicanálise do Instituto Sedes Sapientiae e professor, nesse instituto, dos cursos Psicanálise, Psicossomática psicanalítica e Drogas, dependência e autonomia. Doutor pelo Instituto de Psicologia da Universidade de São Paulo (USP), com pós-doutorado pela Pontifícia Universidade Católica de São Paulo (PUC-SP). Autor de diversos escritos, entre eles, os livros *Sonhar, dormir e psicanalisar: viagens ao informe* (Escuta, 2008), *Adicções: paixão e vício* (Casa do Psicólogo, 2011) e *Relações de objeto* (Blucher, 2017).

Eliana Rache – Psicanalista da Sociedade Brasileira de Psicanálise de São Paulo (SBPSP), psicanalista de crianças e adolescentes, é filiada à International Psychoanalytical Association (IPA), com formação na Asociación Psicanalítica Argentina. Doutora em Psicologia clínica pela Pontifícia Universidade Católica de São Paulo (PUC-SP). Autora de *Travessia do corporal para o simbólico* *corporal* (Editora CLA, 2014) e coautora de *Roussillon na América Latina* (Blucher, 2017).

Elisa Maria de Ulhôa Cintra – Psicanalista. Professora da Faculdade de Ciências Humanas e da Saúde da Pontifícia Universidade Católica de São Paulo (PUC-SP) e do Programa de Estudos Pós-Graduados em Psicologia Clínica da mesma universidade. Em coautoria com L. C. Figueiredo, publicou *Melanie Klein: estilo e pensamento* (Escuta, 2010) e *Folha explica Melanie Klein* (Publifolha, 2008); com Marina Ribeiro, organizou *Para além da contratransferência: o analista implicado* (Zagodoni, 2017) e publicou *Por que Klein?* (Zagodoni, 2018). Com professores da Universidade de São Paulo (USP) e da PUC-SP, criou o Laboratório de Estudos da Intersubjetividade e da Psicanálise Contemporânea (LIPSIC).

José Martins Canelas Neto – Psiquiatra pela Universidade de Paris. Psicanalista, membro efetivo e analista didata da Sociedade Brasileira de Psicanálise de São Paulo (SBPSP). Tem formação pela Société Psychanalytique de Paris, entre 1989 e 1996, e ligação com a obra freudiana e suas leituras, principalmente. Supervisões com André Green e René Diatkine.

Leopold Nosek – Psicanalista, médico psiquiatra, analista didata da Sociedade Brasileira de Psicanálise de São Paulo (SBPSP). Autor de *A disposição para o assombro* (Perspectiva, 2017). Ganhador do The Sigourney Award 2014.

Maria Laurinda Ribeiro de Souza – Psicanalista. Professora e Membro do Departamento de Psicanálise do Instituto Sedes Sapientiae. Supervisora institucional e autora entre outros livros de: *Mais além do sonhar* (Marco Zero, 2003); *Violência* (Casa do Psicólogo, 2005); *Vertentes da psicanálise* (Pearson, 2017); e *Quem é você e outras estórias* (Chiado, 2019).

Nelson da Silva Jr. – Psicanalista, doutor pela Universidade Paris VII. Professor titular do Departamento Social do Instituto de Psicologia da Universidade de São Paulo (USP). Membro do Departamento de Psicanálise do Instituto Sedes Sapientiae. Coordenador do Laboratório de Teoria Social, Filosofia e Psicanálise. Autor dos livros *Patologias do social* (Autêntica, 2018) e *Fernando Pessoa e Freud: diálogos inquietantes* (Blucher, 2019).

Nora B. Susmanscky de Miguelez – Psicanalista. Doutora em Psicanálise pela Pontifícia Universidade Católica de São Paulo (PUC-SP). Membro do Departamento de Formação em Psicanálise do Instituto Sedes Sapientiae, onde é professora e supervisora. Autora do livro *Complexo de Édipo hoje?* (Casa do Psicólogo, 2007); coautora do livro *Política e psicanálise* (Zahar, 2006). Tem artigos e debates publicados em diferentes revistas de psicanálise.

Octavio Souza – Psicólogo, psicanalista, membro efetivo do Círculo Psicanalítico do Rio de Janeiro. Pesquisador do Instituto Nacional de Saúde da Mulher, da Criança e do Adolescente Fernandes Figueira (IFF/Fiocruz). Autor do livro *Fantasia de Brasil* (Escuta, 1994); co-organizador do livro *Elasticidade e limite na clínica contemporânea* (Escuta, 2013).

GRÁFICA PAYM
Tel. [11] 4392-3344
paym@graficapaym.com.br